알고 치면 더 재미있는
골프이야기

임영창 엮음

문무사

알고치면 더 재미있는 골프이야기

엮은이 임영창

1판 1쇄 인쇄 2012년 1월 2일
1판 1쇄 발행 2012년 1월 5일

발행인 김범수
발행처 문무사

서울시 중구 을지로 3가 95-12 천이빌딩 302호
전화 | (02) 2272-6146 / 팩시밀리 | (02) 2272-6145
E-mail: munmu@hananet.net
등록번호 제 201-00154호
등록일자 1978년 10월 23일

값 14,000원
ISBN 978-89-86009-30-9　03690

알고 치면 더 재미있는

골프이야기

티오프의 말씀

최초의 골퍼는 어디서?

골프를 제일 먼저 친 사람은 누구이며 친 곳은 어디인가를 증명할 기록이 없다.

골프라는 말 자체를 가지고도 학설이 분분하다.

골피(golfe), 고프(goff), 네덜란드 말로 콜프(kolf), 몽둥이란 독일 말 콜베(kolbe), 막대기란 불란서 말 쿨반(kulban), 좁고 긴 산 언덕이란 영국말 골프드럼(golfdrum)의 약자 등이 알려져 있다.

우스갯말로 에덴동산에서 아담이 치기 시작했다. 아담은 갈비뼈 한 개를 빼서 채를 만들어 매일 집을 나가 사과나무에 매달린 사과를 치는 것을 낙으로 삼았다. 그러니 이브는 최초의 골프 과부가 된 것이다. 아무리 말려도 안 들으니 홀로 무료한 이브는 화가 나서 금단의 열매를 깨물어 먹어 버린 것이다. 그 후의 일은 이미 다 잘 알려진 사실 아닌가!

현재까지 알려진 골프의 기원은 14세기경 스코틀랜드 지방에서 목동들이 나뭇가지로 돌멩이를 날리던 놀이가 발전했다는 설이 가장 유력하다고 볼 수 있다.

15세기 이후부터는 골프가 귀족계급에까지 성행하여 왕도 즐길 정도로 신분의 상하를 불문하는 스포츠로 발전하여, 1744년 스코틀랜드에서 신사골프협회가 조직되어 최초로 경기대회를 열었고, 1754년 세인트 앤드류스에서 처음으로 경기규칙이 만들어졌다. 1860년 제1회 영국 오픈 선수권 대회, 1885년에 전영 아마추어 선수권 대회가 시작되었다.

골프는 19세기 후반에 미국으로 건너가 1894년 미국골프협회(USGA)의 전신인 미국아마추어골프협회가 창립되었고, 1895년 제1회 아마추어 선수권대회와 전미(US) 오픈선수권대회가 개최되어 현재는 미국이 영국을 압도하고 있다.

한국에서는 1897년경 원산항에 영국 세관원들이 소규모 골프코스를 만든 것이 시초로 전해지고 있으며, 1929년 지금의 어린이대공원 자리에 골프장이 개장되면서부터 본격적으로 시작되었다.

이 책에서는 골프의 룰, 기술, 기록, 명언, 유머 등을 재미있게 풀어놓아 골프 입문에서부터 모든 골퍼들의 문제점과 궁금증을 해결해 줄 것이다. 이 자리를 빌려 자료 정리를 위해 수고해준 한미친선군민협의회의 김관영 국장과, 기꺼이 출간을 허락해 주고, 또 이렇게 좋은 책으로 엮어준 문무사 편집진에게 감사한다.

미국 버지니아에서

임영창

차 례

티오프의 말씀 • 4

Ⅰ. 골프는 수퍼 스포츠

• 골프 게임 … 13
• 골프는 왜 쳐? … 19
• 골프 철학 … 19
• 골프 예의 … 22
• 골프 특성 … 23
• 골프 비결 … 26
• 골프와 인생 … 28
• 골프와 섹스 … 28
• 골프 금지령 … 29
• 골프 대시합 – 메이저스 · 그랜드슬램 … 30
• 골프장 10대 위험물 … 31

Ⅱ. 골프는 정신력 8할 기술 2할

• 골프 4대 주의사항 … 34
• 염라대왕과 골프 … 34
• 욕설 … 36
• 화 … 37
• 손 골프 … 40
• 여유 있게 걷는 운동 … 42

• 운전 … 43
• 훠썸 … 44
• 골프의 운동 시간 … 45
• 연습장 … 46

Ⅲ. 바둑판과 골프장

• 골프클럽 … 50
• 골프 코스 … 51
• 홀 수 … 56
• 파 … 57
• 훼어웨어 … 58
• 오비 … 58
• 프로비져널 볼 … 60
• 해저드 … 60
• 러프 … 63
• 벙커 … 64
• 코스 레이팅 … 66
• 핸티캡과 점수 … 67
• 벌타 … 69
• 점수 매기기 … 70

Ⅳ. 야구 방망이와 골프채

• 골프 장비 … 74
• 골프복 … 75
• 골프화 … 75
• 골프채 … 76
• 샌드웨지 … 79
• 퍼터 … 81

• 클럽 선정 … 82
• 골프볼 … 84
• 로스트 볼 … 87
• 볼 찾기 … 89
• 기미 … 90
• 남의 볼 … 93
• 베스트볼 … 94
• 위험한 볼 '훠!' … 94
• 카트 … 96

V. 치고 또 치면 못칠 리 없건만

• 선 자세 … 98
• 그립 … 98
• 어드레스 … 99
• 스윙 … 100
• 그냥 쳐라! … 104
• 빨리 치는 사람 … 105
• 거리 … 106
• 바람 … 107
• 헤드업 … 108
• 슬라이스 … 109
• 섕크 … 109
• 훅 … 110
• 아이언 샷 … 111
• 트러블 슈팅 … 113
• 어프로치 … 113
• 피칭 … 114
• 치핑 … 115

Ⅵ. 사람이 제 아니 치고 골프만 어렵다 하더라

- 잘 못치는 사람 … 118
- 캐디 … 118
- 티 … 126
- 헛방 … 129
- 멀리건과 샤삐로 … 130
- 공중 볼 … 130
- 장타자 … 131
- 홀인원 … 133
- 라이 … 138
- 그라운드 언더 리페어 … 140
- 퍼팅 그린 … 142
- 퍼팅 … 144
- 방뇨 … 151
- 어너 … 152

Ⅶ. 골프 스토리는 수퍼 유머

- 섹스냐 골프냐? … 154
- 섹스다! … 155
- 골프다! … 155
- 마누라보다 더 좋아 … 157
- 골프광 … 158
- 골프 친구 … 159
- 여성 골퍼 … 162
- 갤러리 … 171
- 골프와 음식 … 172
- 골프와 담배 … 173
- 골프와 술 … 173
- 골프장 내 위험물 … 175

• 벼락 … 176
• 골프와 종교 … 177
• 점수 속이기 … 180
• 내기 … 184
• 샌드배거 … 190
• 클럽하우스 … 193
• 잘못 친 골퍼의 변명 … 194
• 다시는 안 쳐 … 195
• 골프와 사업 … 195

Ⅷ. 골퍼는 수퍼 스타

• 골프클럽 프로 … 198
• 프로 … 199
• 룰 … 209
• 상금 … 216
• 가장 위대한 골퍼 … 219
• 에이지 슈터 … 219
• 연습라운드 … 220
• 골프 괴질 '입스' … 221
• 골프와 오만 … 223
• 골프는 지고의 스포츠 … 223
• 수퍼 스타들의 수퍼 게임 … 224
• 진정한 수퍼 스타 … 230

퍼팅의 말씀 … 236

■ 골프 용어 … 237

골프는 수퍼 스포츠

G O L F H U M O R

I

뻔한 것 왜 물어!

골프 게임

골프는 원형의 게임

8,000마일 직경의 둥그런 지구 어디인가에 서서, 직경 1.68인치짜리 동그란 볼을 놓고 백스윙, 다운스윙, 활로우스루로 원을 그리며 치는데, 팔, 어깨, 허리, 엉덩이, 팔목, 발목을 돌리고 틀고 풀며 뒤집는 것이다. 동그란 구멍 찾아 나가서 18홀을 한 바퀴 돌고 원점으로 복귀하는 것이니, 조약돌 같은 마음씨가 아닌 모난 사람은 잘 칠 수가 없다.

골프는 20%가 기계적인 기술이다.

80%는 마음의 기술(멘탈; mental-정신, 심술心術) 즉 정신의 기술이니, 철학, 유머, 비극, 로맨스, 멜로드라마, 우정, 동지애, 시련이며 대화이다. 정신력 집중으로 매 샷을 잘 쳐야 하며, 계속 다 잘 쳐야 되는 것이 골프다.

골프는 말없이

남에게는커녕 자신에게도 말을 걸면 안 된다.

골프에는 마력이 있다.

두세 번 잘 친 것은 실력이 아니라 운이 좋아 잘 맞았다 해도 오래도록 기억하나, 잘못 친 샷은 게임 종료와 함께 전부 망각하게 된다. 그래서 끊을 수 없는 운동이다.

골프는 볼 찾아다닐 때에는 사냥과 비슷하고, 물에 들어간 볼 건지려 할 때는 낚시와 비슷하다.

골프는 미국의 독립선언과 비슷해서 인생과 자유와 행복을 추구하는 데서 세 번째 요소인 행복을 골프볼로 대치하면 똑같아진다.

평원에서 소떼를 몰아내고 인간이 황소로 변한 게임이다.

아놀드 파머에 의하면

골프란 얼핏 보면 단순한 것 같으나 복잡 미묘하기 한이 없고, 아이도 잘 칠 수 있는 것을 어른이 완전히 터득하는 것은 불가능하며, 만족과 희열을 느낄 수도 있으며 애타는 괴로움을 당하기도 하고, 정밀하지만 예측불허이며, 완전한 집중력이 필요하되 반드시 긴장감을 풀어야 하며, 기쁨을 주기도 하나 화나게도 만드는 이율배반적인 것이다.

"천천히 빼서 세게 때려라." – '돌격자' 아놀드 파머

"아주 작은 볼을 아주 작은 구멍에 아주 부적합한 채로 쳐 넣는 게임이다." – 1년 만에 골프를 포기해 버린 윈스턴 처칠

가장 인간적인 게임

볼을 그린 언덕으로 보냈어도, 어디로 튈지 모른다. 핀 쪽으로 가느냐, 벙커로 떨어지느냐의 희비쌍곡선, 인생도 골프도 새옹지마다.

만인의 게임

실제로 남녀노소를 막론한 만인의 게임이다. 걸을 수 있고, 빗자루질 할 수 있는 힘만 있으면 된다. 혼자서 코스나 해저드나 어느 기준을 상대로 쳐도 되고, 친구들과 다정하게 치든가 아니면 불티나는 경쟁을 할 수도 있다. 집중력, 정신통일, 무아지경에서 모든 것을 다 잊어버리고 게임

에만 열중하여 게임 후 새로운 인생관으로, 모든 일을 다시 새롭게 시작할 수 있는 것이다.

장군과 골프

한국 육군 대령이 장군으로 진급하면 달라지는 것이 한두 가지가 아니다. 계급장, 정복, 정모, 호칭, 월급, 수당, 자동차, 운전병, 권총대, 장군식당, 헬기장 사용, 벽 사진, 빵빠라, 예포, 목 뒤 근육….

그런데 제일 좋은 것은 눈치보며 배운 골프를 이제는 티타임까지 받고서 내놓고 치는 자유를 만끽할 수 있다는 것이다.

그러나 공군의 경우는 다르다. 비행 대기 때문에 비행장을 떠나지 못하는 대신 비행장마다 골프장이 있으므로 초급장교라도 자유롭게 골프를 치도록 권장한다. 공군참모총장이 자기 비서실장과 골프를 마치고 다정하게 앉아 맥주 마시고 있는 광경, 그것이 스포츠다. 겸손하고 부드러운 그런 장군 밑에 참다운 용기와 충성심을 가진 부하들이 육성되는 것이다.

군대식 골프

군대식 골프(military golf)란 말이 있다. 퍼팅할 때 과감하고 소신 있게 쳐서 넣는 것을 뜻하는 것이 아니고, 훈련소 조교가 왼발, 오른발 하는 구령처럼 이리갔다 저리갔다 하며 잘 못치는 사람을 뜻한다. 자신 없이 치는 '공무원 골프' 보다도 하수라는 뜻이다.

공지작전

골프는 볼이 공중을 나는 공중전, 땅 위를 구르는 지상전인데 임의로 볼을 컨트롤할 수가 없다. 새로운 퍼터를 시험하기 위해서 그린 위에서 6피트 거리의 펏을 기계가 하는데 넣는 확률은 50%에 불과하다.

골프는 대중 스포츠

골프든 뭐든 누구는 하고 누구는 못 한다면 자유와 민주주의에 위배되어 갈등이 도사리게 되는 것이다. 이제 골프는 부유층이나 특수층만이 즐길 수 있는 사치성 독점 운동이 아니라, 대중이 즐길 수 있는 국민보건운동으로 보편화되어야 한다. 도 단위, 군 단위로 퍼블릭 골프장을 개설, 유지하는 것이 첫걸음이다.

미국을 예로 미국에서 가장 인기 있는 운동, 즉 가장 흔한 운동이 골프다. 골프장이 15,390 여 개인데 부유층의 사설 골프장이 4,790 여 개이고 퍼블릭 코스가 10,600 여 개이며, 골프 인구는 2천500만인데, 그 중 550만은 1년에 한 달은 골프를 친다. 이들이 사들이는 골프용품비는 연간 150억불어치. 매해 2백만 명이 처음으로 머리를 얹게 되는데, 그 중 40%는 여성이다. 현재 여성 골퍼는 20%가 좀 넘는다. 60세 이상 골퍼 수는 350만에 달한다. 미국의 퍼블릭 코스는 매일 손보고 단장하고 꾸며서 아름답기 그지없다. 골퍼들도 이미 인간으로 태어나서 인류의 한 멤버인데 구태여 프라이비트 골프클럽의 멤버가 되지 않아도 골프를 즐기는 데는 아무런 문제가 없는 것이 미국이다. 미국은 국토와 인구가 우리나라보다 훨씬 크고 많지만 우리도 국민건강과 정신의 건전을 위해 골프에 대한 인식을 새롭게 할 수 있는 여유가 있어야 되겠다.

소규모 골프장을 개발하자

대규모 골프장에 거대한 회관을 짓고, 땅을 단장하고 소수의 멤버 전용이 되는 것은 낭비와 사치일 수도 있다. 그러나 도시의 불규칙하고 무계획한 팽창을 방지하는 방법으로 소규모 골프장을 개발하여 경비와 지출의 균형을 이룩하여 일반대중에게 골프의 즐거움을 제공한다면 많은 사람들이 즐길 수 있는 것이다. 골프장 주변에 등산객 오솔길, 소풍지역, 조깅코스, 뱃놀이, 풀밭 운동지역, 화원 등을 만들면 메말라 가는 현대인의 마음속에 전원의 즐거움을 되찾아 줄 수가 있을 것이다.

골퍼는 평생 하수

골프는 이 세상에서 가장 어려운 게임이다. 완전히 정복하기란 불가능하다. '아, 이것이 이런 것이구나!' 하고 알듯하면, 골프는 즉시 새롭고 높은 경지로 뛰어올라 골퍼를 계속 하수로 눌러버린다.

"제일 많이 써야 할 머리를 제일 조금 쓰는 게임." – 하비 페닉

머리가 좋아야

스코틀랜드 세인트 앤드류스 올드 코스에서 대학 교수님이 한탄을 하였다

"나는 위대한 문학을 가르칠 수 있는 능력은 있으면서도 골프는 배울 수가 없으니 어쩐 일이오?"

캐디가 말했다.

"아, 까짓것 여학생들 모아놓고 라틴어나 희랍어야 누구는 못 가르치겠습니까? 그러나 골프는 머리가 좋지 않으면 못 치는 법입니다."

골프는 감각(feeling)으로

심술 즉 마음의 기술로 치는 것이지 근육운동이 아니다. 감각으로 쳐야 타이밍이 맞고 리듬이 나오며, 심술로 쳐야 템포와 집중력을 이룩할 수 있다.

힘으로 거리를 내는 것이 아니라, 짧은 거리일지라도 '어떻게 쳤기에 그렇게 좋은 샷이 나와?' 하는 세련됨이 있어야 한다.

골프 타격 원칙

① 자기 능력껏만 쳐라.
② 다음에 칠 위치로 쳐라.
③ 훼어웨이로 쳐라.
④ 그린이 보이는 곳으로 쳐라.
⑤ 가서는 안 될 곳이 왼쪽에 있으면 왼쪽에 티를 꽂고 가야할 곳(오른쪽)으로 쳐라.
⑥ 어프로치 할 때 핀을 향해서가 아니라 그린이 가장 넓은 곳으로 쳐라.

파(Par) 5 홀에서의 전략

파 5의 롱 홀 앞에 서면 인내와 자제라는 덕성이 요구된다.

골프 잘못 친 샷 중에 파 5의 롱 홀에서 버디를 하려는 욕심으로 친 두 번째 샷의 경우가 제일 많다.

1939년도 US오픈에서 파 5 홀에서 파만 하면 우승할 샘 스닛은 세컨드 샷을 잘못 쳐서 8타를 쳐 2타 차로 패해서 'US오픈을 우승 못한 샘 스닛' 이란 별명이 붙은 것이다. 평범하게 드라이브 치고, 괜찮은 세컨드 샷을 하면 파를 할 수 있는 것이다.

180야드씩 세 번을 치면 540야드로 대부분의 롱 홀 그린에 올릴 수 있다. 남이 잘 쳤다고 똑같이 치려 들지 말고 자신의 능력 범위 내에서 쳐라. 소크라테스가 '너 자신을 알라!' 고 한 말을 명심하고 먼젓번 샷이 나빴다고 계속 화내지 말고, 매 샷마다 항상 새로운 마음으로 쳐라.

파 6 홀

LA 다저스 팀 오너 월터 오맬리는 플로리다주 베로 비치 다저타운 코스에 제3번 홀을 680야드 거리 즉 1/3마일 이상으로 길게 설계하였다. 욕심부리지 않도록 파는 6이다.

“골프는 경험이다.”

다트머스 대학의 레슬링 코치인 와이티 버넘이 한 말이다. 그는 또 “현명한 판단은 경험에서 얻고 경험은 오판에서 얻는다”는 명언을 남겼다.

골프는 왜 쳐?

① 경쟁-시합형: 이기기 위해서. 한 점이라도 이기기만 한다면 특별히 잘 칠 필요는 없다. 실감나게 꼭 돈내기를 한다.

② 완전화형: 자기 승화를 위하여. 잘 치면 완전화 수준이 오르고, 못 치면 그 수준이 내려간다.

③ 이미지형: ‘나는 골프 치는 사람이다’ 라고 하기 위해서. 점수는 상관없다.

④ 친구 따라형: 같이 칠 친구만 있는 한 점수와 멋지게 치는 것은 개의치 않는다.

⑤ 재미형: 골프 치는 게 좋아서. 진정으로 즐기기 위해서 친다. 자기를 항상 아주 못 치는 자로 단정하고 좀 잘 쳤을 때의 기분 좋은 맛을 추구하며 친다.

⑥ 예상 전도형: 예상보다 잘 치기 위해서.

골프 철학

진리를 가르치는 골프

골프는 영혼을 구제하는 약이다. 골프는 인간들에게 사회적으로나 직업적으로 아무리 성공하고 큰 업적을 이룩했다 하여도 궁극적으로는 하나의 인간에 불과하다는 엄숙한 진리를 가르친다. 인류에게 봉사하여야 되며, 거만해서는 안 된다는 교훈을 안겨준다. 로마의 황제들이 골프를 치며 어려움을 배웠다면 멸망하지 않았을 것이며, 클레오파트라가 여성 골프대회에 나가서 한 라운드만 돌아보았다면 그토록 비참한 최후를 맞도록 처신하지는 않았을 것이다.

골프는 홀로서기

한 인간이 그 자신의 일생동안 배우는 게임 중에 골프만이 유일하게 홀로, 누구의 도움도 없이, 스스로의 힘으로 해내야 되는 외로운 게임이다. 골프장은 그냥 바라보면 마냥 푸르르고 평화롭지만, 골프를 치러 나서면 완전히 전쟁터로 변해서 머리만 살짝 들어도, 순간적으로 한눈을 팔거나 딴 생각을 해도, 조금만 힘이 들어가도 패배자의 낙인이 찍히는 곳이다.

칠 차례를 기다리면서 이미 자기가 잘못 쳐서 웃음거리가 되고 망신당하는 광경이 보인다. 이러한 잠재적 공포가 긴장감만 고조시켜서, 연습스윙(practice swing)을 할 때는 운에 맡기고 빨리 치고 나가자는 생각밖에 없다. 4명이 한 팀을 짜서 1번 홀을 향하여 경기를 시작하는 모습은 겉으로는 모두 행복하기만 한 것으로 보이나 실제로는 각자의 마음마다 자기가 이제 혈혈단신으로 파를 잡기 위하여, 또 자신을 컨트롤하기 위하여 전투에 임하는 듯 비장한 각오를 하고 있는 것이다.

골프의 적은 나 자신

골프의 적은 함께 치고 있는 다른 세 사람이 아니라 바로 자기 자신이다. 자기 자신과 싸우는데 자기한테 자기가 지고 마는 것이 골프다. 잘못을 저지를 때마다 가차없는 형벌이 가해져서 타수는 증가일로, 바보 같은 자신에 채찍질을 가하며 스스로 고문을 한다. 시원한 콜라도 한약 맛이 난다. 그러니 골프는 최악의 재미라고나 할까?

골프는 스트레스가 한층한층 쌓이도록 시간을 많이 주고, 끝내는 울화병에 드러눕게 만드는 게임이다. 테니스나 탁구는 상대방이 바로 볼을 되쳐 주기 때문에 다른 데 신경을 쓸 수가 없지만, 골프는 자기가 친 볼 쪽으로 걸어가며 잘못 친 자신을 나무라도록 시간을 충분히 주는 것이다. 첫 발자국을 뗄 때는 '허, 그것참' 으로 시작해도 형편없는 곳으로 갈수록 '아, 이 등신아, 이렇게 평평하고 넓은 땅을 두고 왜 하필이면 저런 데로 쳤냐? 너는 이 새끼야, 손에 엄지손가락만 달렸냐? 거지 같은 자식, 네 지능지수는 저기서 쳐다보고 있는 다람쥐나 저기로 달아나는 토끼만도 못할 것이다. 아예 술주정뱅이를 하나 데려다 시켜도 너보다는 잘 칠 것이다' 라고 하며 자학을 하게 되는 것이다.

이와 때를 맞춰서 그 빌어먹을 놈의 볼이 시야에 들어온다. 이를 악물고 철천지원수 만난 심경이 안 될 수 있겠는가?!

이제 다음 샷은 채를 흔들기도 전에 망조가 든 것이다. 아, 상식적으로 생각해 봐도 당연히 볼을 조심스럽게 사뿐히 쳐서 훼어웨이로 내놓는 것이 순리이고, 자신을 진정시켜서 다시 문명인으로 되돌려 놓는 것이 급선무인데, 그렇게 하지를 못하고 10중 9는 충혈된 증오의 눈으로 볼을 노려보며, 불쌍하고 운이 없는 자신의 조상 탓까지 한 후 죄 없는 볼을 내리찍으니 더 깊숙한 곳을 찾아 튈 수밖에…. 5, 6타면 끝낼 것을 8, 9타로 그린에 올리는 것이다.

골프는 우선 긍정적인 정신으로 이성을 갖고 볼을 대하며 유연한 근육으로 치는 것이다. 치는 사람의 인간성을 시험하는 게임이지 과연 이 사람이 운동선수인가를 시험하는 게임이 아니다. 그러니 마음과 근육의 싸움이라 해도 과언이 아니다. 힘으로 말하자면 열두 살 난 아이도 잘 친다. 그런데 마치 뇌수술 하러 들어서는 의학박사 같은 긴장감과 역도선수같이 경직된 근육으로 볼을 치려 드니, 두 발은 콘크리트 기둥 같고, 양 팔은 도끼자루 붙잡은 듯하고, 두 눈알은 빠져 나올 지경이다. 볼 입장에서 봐도 그렇지 박살이 날지언정 누구 기분 좋으라고 멀리, 똑바로 날아가 주겠는가?

골프는 우선 즐겨야 한다. 무리 안 하고 우쭐거리지 말고 신사적으로 플레이하는 사람 즉 골프 철학자가 되어야 한다. 격분, 절망, 자기비판, 경멸의 소용돌이에 빠지면 안 된다. '인간은 오류를 범하기 마련이다. 잘못 친 자신을 웃음으로 달래고, 화내지 말며, 악운을 욕하지 말고, 클럽을 내던지거나 꺾어버리지 말아야 한다. 내가 신이 될 수는 없겠으나 성인은 되겠다' 는 철학이 있어야 한다.

18홀을 끝내고 19번 홀 즉 클럽 바에서도 마찬가지다. 교양과 지식으로 무장하고 친구들과 맥주 마시며, 골프 역사, 룰, 기술, 기록, 명언, 유머를 나누며 담소하는 것이다.

골프 예의

골프는 전통적으로 신사 숙녀의 게임이다.

세계적으로 공통되는 골프 예의 열두 가지

① 티타임 전에 준비완료할 것.
② 골프 실력을 막론하고 골프장의 누구에게나 정중할 것.
③ 다른 사람이 치기 전에 말하거나 움직이지 말 것.
④ 다른 사람의 시야에 서거나 그림자가 지도록 하지 말 것.
⑤ 앞의 팀이 위험 거리를 벗어날 때까지 기다릴 것.
⑥ 항상 위험한 볼을 경고, '훠(Fore!)' 하며 소리칠 것.
⑦ 떨어져 나간 잔디조각(divot)은 제자리에 복구시킬 것.

⑧ 진행속도가 늦거나 볼을 찾는 경우, 뒷사람이나 뒷팀에게 먼저 치고 나가겠느냐 (play through)고 제의할 것.

⑨ 벙커의 모래 때린 자리, 구두 발자국을 고무래질해 줄 것.

⑩ 골프 카트(cart)는 다음 티 방향으로 세워둘 것.

⑪ 그린 위에서는 발을 끌지 말고, 다른 사람의 펏 라인(putt line)을 밟지 말 것.

⑫ 펏 끝나는 즉시 그린을 나오고, 스코어 카드(score card)는 다음 티에서 정리할 것.

골프의 특성

승리는 제일 멀리 친 사람이나, 가장 멋진 샷을 한 사람이 아니라, 나쁜 샷을 가장 적게 한 사람이 차지한다.

감정을 다스리는 스포츠

골프는 몸을 다칠 위험을 무릅쓰고 어떠한 모험을 해야 되는 것이 아니므로 운동도 아닌 것으로 간주하는 사람이 있다. 실제로 육체적으로는 격렬한 운동이 아니고 비접촉 운동이다. 겉으로 볼 때는 그러하나 실제로 쳐 보면 마음속에 심한 갈등이 소용돌이쳐서 견디기 어려운 운동이다. 그러니 체중 줄고, 밥 못 먹고, 스트레스 받는 무서운 운동이다. 따라서 체내의 난폭성, 감정의 좌충우돌을 컨트롤할 수 있어야만 되는 스포츠다.

골프는 두 번 기분 좋을 수 있는 운동

자기가 친 볼이 잘 맞아 기분 좋고, 친구가 친 볼이 잘 안 맞아 기분 좋고, 항상 그렇다면 얼마나 좋으랴! 잘 맞았을 때, 자기가 치고도 믿어지지 않을 정도로 잘 쳤을 때의 신나는 맛이 있는가 하면, 잘못 쳤을 때의 허망, 허탈, 아쉬움은 여운이 짙다. 어느 수준은 쳐야지 하고 세운 목표 달성은 불가능하고, 자신에 만족할 수 없는 운동, 재미있는 운동인지 비참한 운동인지 모를 운동이다. 그러니까 골프를 더 열심히 친다.

골프는 사교 게임

친구끼리 다정하게 만나 첫 홀을 시작하는 광경은 아름다운 한 폭의 그림이다. 그러나 게임이 깊어갈수록 말투는 퉁명스러워지고, 신경은 날카로워질 대로 날카로워져 전반전이 끝날 때가 되면 서로 여섯 걸음 내에 날아 들어온 파리쯤은 추락시킬 수 있는 날카로운 눈초리가 된다. 두 친구가 완전히 적이 되어 만반의 전투태세로 변해 후반은 우애돈독이나 친선이 아닌 신경전이다.

또박또박 무슨 기계처럼 잘 치고 있는 그 친구만이 자신의 신경을 건드리는 것이 아니다. 갑자기 자신의 건강 상태가 걱정이 된다.

'이건 또 무슨 놈의 바람이 불어? 이 골프장은 어떤 놈이 설계를 맡았어? 내 정신이 왜 이래? 내가 너무 걱정하는 것 아닐까? 돈 문제, 직장문제, 사업문제, 가정문제, 자녀문제, 술, 담배 다 건강에 안 좋다는데. 나는 살아가느라고 너무 쩔쩔매고 있다. 살아가기가 너무 힘들어. 더 이상 노력해 뭘 해? 그냥 다 팽개쳐 버릴까?' 하는 마음이 든다. '즐겁다는 골프가 왜 이다지도 외롭고 괴롭게 만드는가?' 하는 생각도 든다. 그러나 자기만이 그렇게 느끼는 것이 아니다. 같이 치는 친구도 똑같은 심정이다. '서로 도와야지, 더욱 좋은 친구가 되어야지. 홀로 괴로운 것이 아니라 둘이, 넷이 즐거움을 나눠야지!' 하는 결단과 각오로 골프를 쳐야한다.

골프의 진화론

진화론을 펼친 찰스 다윈의 손자인 버나드 다윈은 1907년부터 1953년까지 런던의 타임즈지 골프 평론가였다. 세계적인 명문 케임브리지대학을 졸업한 변호사인데, 일생동안 조부를 연구하며 저서 두 권을 내놓았다. 아동문학가이기도 하였는데 45세의 늦은 나이에 1921년도 브리티시 아마추어 챔피언십(British Amateur Championship)에서 세미 파이널리스트(semi-finalist), 다음 해에도 또 준우승을 하였다. 1923년도 미국에서 거행된 워커컵 쟁탈전에서는 우승을 차지하였다. 이렇게 되자 아예 변호사에서 골프로 전업해 버렸다. 골프 저서 21권, 공저가 6권으로 '골프에 빠지면 본업에 소홀해진다' 는 진리를 만든 골퍼 진화론가가 되었다.

TIP

아마추어 골퍼란,
골프를 경쟁으로 하건 오락으로 하건, 프로로서 하지 않을 뿐만 아니라 재정적 이익을 위하여 하지 않고 오픈된 도전을 위하여 하는 사람을 말한다.(2012. 1. 1. 개정)

수필가는 자기가 하는 생각을, 기고가는 독자가 해야 될 생각을 쓰는 데서 차이가 난다고 하는데, 버나드 다윈은 1961년 85세로 작고할 때까지 우리는 골프를 어떻게 생각해야 되는가를 일깨워 주는 데 큰 공헌을 하였다.

"골프 치러 가는 것과 장례식에 가는 것은 물론 다르나 두 곳에서 느끼는 슬픔은 똑같다." – 버나드 다윈

골프 비결

골프의 좌우명 3 D

US오픈 1982, 브리티시오픈 1975, 1977, 1980, 1982, 1983, 매스터스 1977, 1981년 챔피언 탐 왓슨은 펏의 왕이며 모든 샷을 잘 쳐서 약한 데가 없는데, 세 가지 D를 좌우명으로 삼았다. 욕망이 커야하고(desire), 전심전력하며(dedication), 결단성(decision)이 있어야 된다는 것이다. 말이 그렇지 이 세 가지 조합이 어렵다.

욕망은 강하지만 전심전력이 뒤떨어지거나, 결단을 내려야할 때 욕심을 부리기 쉽기 때문이다. 그러나 말은 옳은 말이다.

"저 여자 내손에 넣어야겠다(욕망). 명예고 가정이고 없다(전심). 만납시다(결단)."

골프의 비결은 3 C

"자신감(confidence), 집중력(concentration), 컨트롤(control)이다." - 잭 니클러스

"골프의 비결은 볼을 세게, 똑바로, 적은 타수로 치는 것이다." - 무명 씨

용기와 볼만 볼 수 있는 재주

골프 정신의 대변자인 워커 B. 스미스는 골프의 비결이 용기와 볼만 볼 수 있는 재주에 있다고 하였다. 뒷주머니에 꽂혀 있던 납작한 은술병을 꺼내 스카치 한 모금을 길게 마시고, '용기 문제는 해결', 안주머니에서 예비 의안구를 꺼내 볼 앞 땅에 놓고, '이렇게 되면 볼만 보아야 되는 문제도 해결' 하고는 티샷을 했다. 스미스는 어릴 때 한 눈을 잃었다.

안 해 본게 없는데도
늘지를 않아
최고급 채로 샀지.
구두, 바지, 셔츠, 모자 모두
골프잡지 구독하지
프로가 쓴 책 사보지.
일주에 삼일밤은
연습장 가지.
라커룸에서 하는 이야기들을
귀담아 듣지.
프로시합 구경가지!
TV에서 나오는 골프는
다 찾아보지.
그래도 향상이 없어!
렛슨이나 한 번 받아
볼까봐!

매일 쳐라

골프의 비결이 특별히 있는 것은 아니다. 매일 쳐야 되는 것이다. 그러나 있는 것은 돈하고 시간밖에 없다는 사람이 얼마나 되나? 주말에만 칠 수 있어도 얼마나 좋을까! 주말에만 골프 치는 사람을 위크엔드 골퍼(weekend golfer)라 한다. 점수의 향상은 기기대하기 힘든 불쌍한 사람들이라는 뜻이 은근히 들어가 있다.

"내가 제일이지. 아직 골프를 치지만 않았을 뿐이야." – 무하마드 알리

골프와 인생

"두 번에 할 일을 한 번에 하려고 들면 세 번에 하게 된다."

"한 구멍에서 나오는 대로 또 한 구멍에 들어가 보려고 찾아나서는 것이다."

한 일생에 홀로 해내야 되는 두 가지 일 – 죽을 때와 골프 칠 때.

골프와 섹스

능숙하지 못해도 즐길 수 있는 것은 골프와 섹스밖에 없다.

골프와 섹스는 힘으로 하는 것이 아니다. 골프 스윙은 부드러워야 하고 섹스도 부드러움 속에 강함이 있는 것이다.

골프와 섹스는 서두르면 결과가 좋지 않다. 동반자에 대한 사랑과 배려가 중요하다.

골프 금지령

골프 중독

골프에 빠져 부친 장례식도 빠져서 막대한 유산도 포기한 사람, 골프장과 붙은 집으로 이사한 사람, 바람피우는 것으로 의심받아 이혼당한 사람, 일단 배우면 끊지 못하는 것이 술, 담배, 마약, 여자, 도박에 골프인 것이다.

그러니 법으로 막아야 될 수밖에. 1413년 스코틀랜드 세인트 앤드류스에서 시작한 골프가 반세기도 안 되어 붐을 일으켰다. 너도 나도 골프만 치고 술을 마시니 일은 누가 할 것인가? 외적의 침입은 누가 막을 것인가? 하는 수 없이 스코틀랜드 왕 제임스 Ⅳ세가 골프 금지령을 포고한 것이 1457년인데 그 대신에 양궁을 권장하였다. 그러나 또 반세기가 못가서 1503년, 왕 자신이 골프를 치니 골프 붐이 되살아났다. 왕이나 일반 백성이나 똑같이 즐기게 되었다.

전시에는 어떠했는가? 한국전, 월남전, 걸프전시에는 계속 골프를 쳤으나, 세계대전시에는 영국, 미국 골프장도 폐쇄되었다. 미국의 경우, 그 넓은 땅에 사람이 먹을 수 없는 풀만 기르는 것은 비애국적이라 하여, 매스터스가 열리는 오거스터도 3년 정도는 목장으로 만들어 소를 길렀다.

브리티시오픈은 1915~1919년과 1940~1945년에 중단, PGA는 1917~1918년과 1943년에 중단. US오픈은 1942~1945년에 중단, 매스터스는 1943~1945년에 중단되었으나 종전 선언과 동시에 재개장했다. 그리고 클럽 멤버 중에는 전쟁에 출전한 사람도 많았다.

벽촌으로 좌천당한 소방서장

일본 지바현의 소방서장 부인이 골프장 안에서 경영하는 초밥집에서는 '공무원을 위한 날' 을 제정하여 인기를 끌었다. 한번은 시청직원과 소방서원들이 시청 대 소방서 골프 시합을 곁들여 초밥을 먹으러 집단 휴가를 내는 바람에 관공서 행정이 마비되었다. 시의회에서 이 문제를 다루게 되었다. 시청에서 기다리고 앉았던 시민들이야 시간 뺏기고, 궁둥이 아프고, 화나고 말았겠지만, 그날 불이 났었다면 큰일 날 뻔했다는 분석이 나왔다. 소방서장은 골프장 없는 벽촌으로 좌천당했고, 공무원들은 공무시간에는 절대로 골프를 치지 못하도록 결정되었다.

골프 대시합 – 메이저스 · 그랜드슬램

미국 내 대시합으로는 US오픈챔피언십, PGA 챔피언십, 매스터스 토너먼트, US아마추어챔피언십, 영국에서는 역사와 전통과 관록을 자랑하는 브리티시오픈이 있다. 매스터스, US오픈, 브리티시오픈, PGA챔피언십 4대 경기를 메이저스(Majors)라 한다. 국제시합으로는 워커컵(아마추어), 라이더컵(프로), 커티스컵(미 · 영 여성 팀)이 있고, 전세계적으로는 월드챔피언십(아마추어)이 있다. 20세기 초 골프 그랜드슬램(Grand Slam)이란 영국오픈, 영국아마추어, 미국오픈, 미국아마추어를 같은 해에 석권하는 것인데 1930년 바비 존스가 있다.

현대 프로골프에서 그랜드슬램이란 남자의 경우 매스터스, US오픈, 미국PGA챔피언십, 브리티시오픈을 같은 해에 석권하는 것이다. 아직 한 해에 4대 메이저대회를 모두 석권한 그랜드슬래머는 없지만 여러 해에 걸쳐 4대 메이저대회를 모두 석권한 '커리어(통산) 그랜드슬램'을 최초로 달성한 사람은 진 사라센(1935년)이다. 이후 4대 메이저대회를 제패한 프로골퍼는 벤 호건(1953년), 게리 플레이어(1965년), 잭 니클러스(1966년), 타이거 우즈(2000년)가 있다.

여자 프로골프 4대 메이저대회는 나비스코챔피언십, 맥도날드챔피언십, US여자오픈, 브리티시여자오픈이 있다.

골프장 10대 위험물

① 번개 – 광활지역, 고지대, 홀로 선 나무, 크고 작은 물가, 철제품(카트) 등을 피해 방공호, 클럽하우스, 정비시설물 등 건물 안으로 들어가든가 자동차 안으로 들어가라.

② 열사병 – 물을 많이 마셔라.

③ 햇볕에 타고 익어 버리는 것 – 모자라도 써라.

④ 날아다니는 골프볼 – 머리 깨진다. "훠어"? 소리가 나면 머리를 감싸쥐고 땅에 얼굴을 박아라.

⑤ 골프채 – 멀리 떨어져서 백스윙하는 것 보고 타미 볼트 같은 사람이 치려고 하면 아예 클럽하우스로 돌아가라.

⑥ 골프 카트 난폭 운전자 – 음주운전 따로 없다. 마냥 조심하고, 자신도 평평한 땅을 찾아 다녀라.

⑦ 물가 – 물에 빠지지 말라. 토정비결을 참고하라.

⑧ 화학제 – 독성 살충제와 제초제가 깔렸다. 혀로 볼 닦지 말고, 손가락도 빨지 말라. 맨발로 다니지 말라. 화장실 사용 후 못지않게 손을 씻어라.

⑨ 독성식물 – 옻나무 종류는 모두 모여 대기 중이다.

⑩ 온갖 하느님의 창조물들 – 모든 벌, 거미, 전갈, 뱀 종류, 너구리, 다람쥐, 악어까지 대기 중이다.

골프는 정신력 8할 기술 2할

G O L F H U M O R

Ⅱ

골프 4대 주의사항

① 남의 볼을 치지 말라 – 후환이 두렵다.
② 자신의 타수를 날조하지 말라 – 중범죄로 감옥 가는 수가 있다.
③ 남이 퍼팅할 때 말하지 말라 – 턱이 돌아갈 수가 있다.
④ 남이 실수했을 때 웃지 말라 – 골프채가 살인무기로 돌변할 수도 있다.

염라대왕과 골프

맹자님의 성선설이 옳아서 인간은 원래 착했다고 한다. 그러니 모두들 천당으로 올라가고 지옥은 파리만 날리고 있었다. 이래서는 안 되겠다고 느낀 염라대왕이 지구에 나가 있는 대사를 소환하고 외무부 지구국장과 무임소장관을 호출하고 흑악관 특별 보좌관을 총소집하여 긴급 비밀 작전회의를 주재하게 되었다.

염라대왕: "너는 임마, 지구에 나가서 뭣하고 있었길래 한 놈도 못 내려보내냐?"

지구대사: "아, 동분서주 열심히 뛰긴 했습니다. 그런데 그 친구들이 하두 착해서 먹혀들어가질 않습니다. 파티도 많이 열고, 선전비도 많이 들였습니다. 그러나 지옥으로 데려올 명분이 안 섭니다."

염라대왕: "뭐 임마, 뭐가 안서? 니가 임마, 예산 제일 많이 끌어간 것을 누가 몰라?! 결과가 뭐야, 결과가!"

지구대사: "명분이란 것이…."

염라대왕: "야 임마, 안 선다는 것 알 필요도 없어. 앞으로의 전망이 뭐

야? 앞으로의 계획이 뭐야?"

지구대사: "전망은 여기처럼 캄캄하고, 장차 계획은 지구말로 속수무책입니다."

염라대왕: "그게 무슨 책인데? 니가 책 썼어? 야 임마, 맨발로 뛰어야지, 앉아서 책 쓰고 있을 시간이 있었냐!"

지구대사: "속수무책이란 것이…."

염라대왕: "시꺼! 탁상공론이란 말 들어봤냐? 이론으로는 안 되는 법이야. (밑에 앉아있는 대책 위원들을 휘둘러보고) 당신들이 해결책을 강구해봐. 내 생각 같아서는 간단해. 목표는 인간의 최악질성을 남김없이 발휘토록 하면 돼. 참을성을 완전히 소모시키고 노기충천시키란 말야. 거짓말, 속이기, 도둑질을 가르쳐. 하늘이 용서 못하도록 욕을 가르쳐. 쌍욕막 하게 만들어. 갑자기 생각났는데, 비서실장, 이것 받아 써. 그 골프병 있잖아? 골프 전염병균을 왕창 생산해. 저 새끼 저거, 대기대사로 여기 붙잡아 두고, 우리 프로(professional golfer) 있잖아? 우리 프로를 지구로 내보내. 골프 병균 갖고 가서 뿌리며 인간들에게 골프 가르치라고 그래. 지금 이러고 있을 시간이 아니야. 빨리 가서 연습장 많이 짓고 급히 전파시키라고 그래. 내가 그러더라고…."

욕설

부모들이 예배보는 동안 아이들 돌보는 주일학교 여선생이 말했다.
“타미, 구슬치기 하면서 욕 잘하는 어린이는 커서 무엇이 될까요?”
타미: “네, 선생님. 욕 잘하는 어린이는 커서 골퍼가 됩니다.”

하나님도 실수해

한 친구가 목사님을 모시고 골프를 치는데 실수가 계속된다. 드라이브(drive) 샷이나 퍼팅이 잘못될 때마다 “에이 썅, 잘못쳤네!” 하며 투덜댔다.

목사님이, “자네 그렇게 쌍욕을 계속하면 전지전능하신 하나님께서 하늘을 열고 천둥번개로 자네를 때리실지도 몰라.”

이 친구가 충고를 듣고서 조심하며 쳤는데, 또 제대로 안 맞고 옆으로 맞았다.

“에이 ㅇ팔, 또 잘못 쳤네” 소리가 나가 버렸다. 그 즉시로 하늘이 두 쪽으로 갈라지며 한줄기 음산한 바람이 대기권을 휩쓸더니 번쩍 우르릉 쿵쾅 하며 벼락이 떨어졌는데 죄없는 목사님을 바싹 탄 불고기로 만들어 버렸다.

잠시 후 하늘로부터 우렁찬 목소리가 울려 퍼졌다.

“에이 ㅇ팔, 또 잘못 쳤네!”

“저 친구가 직접 만든 드라이버인데, 세번 계속 잘못 맞으면 자동으로 불타 버리게 돼있어!”

화

감정 변화 무

1949년도 일리노이주 메디나 컨트리클럽에서 열린 US오픈챔피언십에서 케리 미들코프에게 패하고 공동 준우승한 노스 캐롤라이너주 출신의 113kg의 거인 클레이튼 헤프너는 친구가, "네가 우승했어야 되는데!"라고 위로의 말을 건네자, 마시고 있던 술을 그 친구 얼굴에 확 뿌려 버렸다.

함께 공동 준우승한 샘 스닛은 준우승 잘하기로 유명해서 별명이 '악운왕' 이다. 그러나 우승도 많이 해서 PGA 챔피언십 1942, 1949, 1951. 브리티시오픈챔피언십 1946. 매스터스 토너먼트 1949, 1952, 1954년의 챔피언이다. 샘 스닛은 클레이튼 헤프너를 이렇게 평한다.

"그 친구처럼 감정에 변함이 없는 사람은 본 적이 없습니다. 항상 화나 있으니까요."

인내를 배워라

US아마추어챔피언십 선발전에 17번 만에 합격한 맥 오그래이디는 왼팔을 오른팔만큼 잘 썼다. 대회에서 두 번이나 선두주자였으나, 막판에 심판들과 싸우고는 탈락되기가 일쑤였다. 선배들이 "너는 인내를 배워라"고 충고했다. 맥 오그래이디는 캘리포니아주에 부자 노인들만 사는 팜 스프링즈로 갔다.

시속 25km로 서행하는 노인들의 차 뒤에 붙어 운전하고 다니며, 참을성을 배우려고 한 것이다. 그러나 노인들이 미행하는 차의 젊은이에 겁을 먹고 경찰을 불러 계속 체포만 당하는 수모를 당했다.

화 잘 내는 타미 볼트

채 잘 내던지고 또 아예 꺾어버리기로 유명한 타미 볼트는 별명이 '화 잘 내는 타미 볼트' 혹은 '천둥벼락'이다. 1958년도 오클라호머주 털싸시 싸던 컨트리클럽에서 열린 US오픈에서 우승했다. 한번은 토너먼트 마지막 홀에서 그린까지 120야드(110m)쯤 되는 지점인데 캐디가 3번 아이언을 꺼내준다.

"이게 뭐야. 이걸로 치면 200야드(180m)는 날아가는데."

캐디가 대답하는 말,

"저도 알아요. 그렇지만 이제 그 채밖에 안 남았어요. 다른 채들은 모두 부러뜨렸잖습니까?"

볼트가 클럽을 땅에 쳐박으면 캐디 둘이 뽑아야 나온다. 클럽을 꺾어버렸을 때는 아직 화가 덜 난 경우다.

쓰리 펏하고 다음 홀로 걸어가는 동안 퍼터로 서 있는 나무는 모조리 찍으며 가다가 아예 나무 숲속으로 들어가 사람에게 욕하듯 소리치며 북춤 추듯 발광을 했다.

매스터스 1959, 1960, US오픈 1960, 브리티시오픈 1961, 1962년의 우승자인 '돌격자' 아놀드 파머에게 일찍이 귀중한 레슨을 해준 것도 바로 이 타미 볼트였다.

"내가 그 아이를 조용히 옆으로 데리고 가서 클럽 내던지는 법을 가르쳤습니다. 아, 이 멍청이가 자꾸 뒤로 던지지 않겠습니까?! 그 채 집으러 뒤로 갔다가 다시 앞으로 오려면 지치고 맙니다. 그래서 '야 임마, 프로가 되려면 채를 앞으로 던지는 거야' 라고 가르쳐 주었죠."

타미 볼트는 화를 내기도 잘하지만, 왜 화를 내게 되는가에 대해서도 제일 잘 알고 있는 사람이다.

"미국 골퍼들의 평균 핸디캡이 22입니다. 한 라운드를 도는 데 나이스 샷은 6개 내지 10개 정도고, 30여개의 불량 샷을 내는 것입니다. 그러니

까 총 샷의 3분의 1은 뱃 샷(bad shot)이니, 볼을 세 번에 한 번은 잘못 치고 화낸다는 말입니다.

혹시 한번 잘 치면 그 다음은 못 친다는 말은 들어 보셨죠?

제 1 볼트 로우(Bolt Law)란 '한번 잘못 치면 또 잘못 치게 된다'는 것입니다. 골프 코스 설계자들은 다 상대방을 정신적으로 짓누르고 고통을 주며 성적 만족을 얻는 새디스트, 즉 가학성 변태성욕자들입니다. 그래서 골프장을 설계할 때 한번 잘못 친 볼이 떨어진 곳에서는 회복하기 어렵도록 만들어 놓았습니다. 더 나쁜 곳으로 가게 되어 있다는 소리입니다.

자, 나의 철칙 제 2 볼트 로우입니다. '화를 내면 집중력과 자제력은 떨어지고, 스코어와 화난 정도는 올라간다.' 이러니 플레이어가 학대를 받으며 좋아하는 변태성욕자가 아닌 바에야 화를 안 낼 수 있겠습니까?"

클린턴과 포드 대통령

클린턴 초청으로 하룻밤 함께 묵으면서까지 클린턴과 골프를 친 백상어 그렉 노먼에 의하면 미 대통령 중 가장 골프를 잘 치는 사람이 클린턴이라 한다. 매번 80을 깰 수 있다는 것이다. 이에 비해 제럴드 포드 대통령은 관중을 맞히는 것으로 유명하다.

밥 호프의 말: "골프장에서 제럴드 포드를 찾기는 쉽습니다. 공에 맞아 다친 사람을 찾아가면 있어요."

깡패의 희비

골프를 치는데 지고 있던 화난 깡패가 말했다.

"동상, 밤거리 조심혀야 쓰것어. 두 다리로 걸어 다닐랑가 모르겄네!"

후반전에서 다 만회하고 기분이 좋아진 깡패가 다음날 만나서 이렇게 말했다.

"동상, 어제 저녁 같이 먹자고 했는데 왜 먼저 갔당가?"

영혼을 구하려면

골프는 영혼을 구하는 데 좋다. 자기 자신에게 그토록 화가 나니 남들 미워할 것을 잊어버리고 만다. – 윌 롸저스

손 골프

골프는 광기

새벽 5시 기상, 골프장 가서 티타임 신청하고 집으로 와서 자고 11시쯤 다시 골프장에 나가서 이름 부르기를 기다린다. 볼 쳐서 구멍에 넣는 목적을 달성하기 위해서이다.

볼을 손으로 그냥 주워서 구멍을 향해 던지는 것이 간단하고 돈도 안 들 것 아닌가? 골프채, 골프복, 골프장비 모두가 불필요하다. 자기 집 뒤뜰에 구멍 하나 파 놓으면 될 것을…. 토요일, 일요일 아침 교외로 나가는

교통 혼잡에 끼어 짜증스러울 것도 없고 말이다. 미친 짓 아닌가!

그러나 골프는 바로 그런 광기형 경기, 즉 그 고생하고, 온갖 수모 다 당하고, 드디어 티오프(tee off)하고 나가면 산토끼 산 위로 치달으며 '내 똥구멍이나 빨아라' 하는 심경이 된다. 그러나 곧 타미 볼트가 말한 대로 화가 나기 시작한다. 분노로 인해 시력과 정신은 점점 더 몽롱해진다. 볼에 도리깨질을 해 봐야 넓고 편한 곳 다 싫다하고, 죄진 놈처럼 어디 가서 숨을 곳만 찾는다. 결국 울화가 치밀어 목이 메고 도깨비에 홀린 눈동자가 된다.

당구 잘치는 사람이 퍼팅을 할 때

"야, 이것 큐대로 쳐넣으면 좋으련만…" 한다. 벙커로 들어간 볼을 다섯 번을 쳐도 탈출할 수 없을 때, 손으로 주워 던져 올릴 수 있으면 얼마나 좋을까.

그래서 손을 5번을 쓰는 골프가 스로우프(throwf), 던진다는 스로우(throw)에 골프에서 '프' 자만 붙인 것이다. 장거리일 때는 드라이버가 아쉬우나(잘 맞는다는 가상하에) 어프로치, 벙커, 굴려 넣는 펏을 할 때에는 아주 재미있다고 한다. 현재 미국 기록은 프린이란 사람의 82이다. 하기야 골프란 '어른들의 구슬치기' 이니까.

여유 있게 걷는 운동

골프처럼 치는 사람은 미치는데, 치지 않는 사람은 전혀 흥미 없는 것이 뚜렷한 경기도 없다. 골프를 치지 않는 사람이 TV에서 야구 중계가 나오면 보겠지만 골프 중계가 나오면 '다 큰놈들이 아이들처럼…' 또는 '가만히 서 있는 볼을 왜 때려? 할지랄 없는 미친놈들…' 하며 채널을 바꿔 버린다. 그러나 골퍼들은 어떤 마약이나 마술에 걸린 듯 푹신한 의자를 찾아 엉덩이를 깊이 박고 앉는다.

골프장에 도착하면 한걸음 한걸음을 여유 있게 걸어야 한다. 고급 백화점과 호텔이 그렇듯이, 골프장 건물에는 테두리라고는 보이지 않는 대형 유리문과 창이 많다. '아, 오늘 저놈 잡아야 되는데…' 혹은 '아이구, 이러다가 늦겠어' 하며 뛰다가는 유리문을 들이박고 혼절한다든가, 아니면 망신당하기 십상이다. 이러한 사고 없이 첫 홀 그린까지 잘 나갔다 해도 골프화에는 스파이크가 달려있기 때문에 발을 끌면 비단 같은 그린을 걸레로 만들어 놓게 된다. 그린이야말로 각 골프장의 보배요 자랑이며, 가장 예민하고 연약한 부분으로 온갖 정성을 다해 가꾸는 곳이다. 그래서 그린 관리자는 골프장에서 요직에 있는 중요한 인물이다.

걷는 운동

골프는 버티고 서서 양팔을 흔들고 몸을 꼬았다가 되풀며, 혼신의 힘으로 때린다 하더라도 체력의 대부분은 역시 걷는 데 쓰게 된다. 보통 코스는 6km가 넘는데 또박또박 잘 치는 사람은 7km, 왔다갔다하는 사람은 10km 이상을 걷게 된다. 식욕이 부진한 사람에게는 골프처럼 좋은 운동이 없다.

운전

골프를 잘 치려면 남의 차를 얻어 타라

가마 타는 사람, 짊어지는 사람 다르다는 말이 있다. 골프 스코어를 잘 관리하기 위해서는 운전하는 사람보다 남의 차 얻어 타는 사람이 유리하다. 운전이 심신에 끼치는 영향은 30대에서는 한 시간 반, 50대에서는 한 시간 후면 곧 닥친다. 심신을 피로하게 만드는 운전을 골프 전에 피하는 것이 상책이다.

가마 타고 골프 치러 가던 시절

교통난을 생각하면 옛날이 그리워진다. 브리티시오픈 첫 해인 1860년에는 단 8인의 골퍼가 마차를 몰고 왔다. 일본 최초 골프장인 고베 클럽도 초창기에는 산기슭부터는 가마를 타고 흔들거리며 올라갔다. 요즘은 도로망이 발달되고 신형차가 쏟아져 나오고 골프장도 많아졌지만, 도로 정체 때문에 골프를 치러 가기 어려운 것은 여전하다.

골프광은 발명가

자동차 앞자리 어딘가에 버튼 하나를 누르면 트렁크 문이 열리는 장치를 발명한 사람은 바로 골프광이었다. 그 전에는 골프장에 도착하면 발동 끄고, 내려가 트렁크 문을 열어서 골프백을 꺼내놓고, 트렁크 닫고 다시 차에 올라타서 발동 걸고 주차장으로 가야했다. 그래서 이 골프광은 운전석에 가만히 앉아 모든 것을 해결하려고 트렁크 오프너를 고안해서 특허를 받아 두었던 것이다. 자동차가 신발인 미국이니 골프광은 자동차 산업계가 그 특허를 사 간 1966년에 즉시 백만장자가 되었다.

훠썸(foursome)

원래의 골프 게임은 1 대 1의 매치플레이(match play)였다. 매 홀마다 누가 이기는가 시합해서 18홀 중 더 많은 홀을 이기는 사람이 승리자였다. 4명이 치는 경우에는 둘씩 파트너가 되어 볼은 각기 한 개만 사용하며 번갈아 친다. 티샷도 새 홀에서는 교대로 친다.

네 사람이 한 팀으로 치고 나가는 것도 훠썸이다. 넷이면 마음 맞는 친구, 미운 친구, 그저 그런 친구가 하나씩 있기 마련이고 진행도 원만하다. 마작, 브릿지도 넷이서 하는 게임이다. 게임에는 죽을 사자도 안 통한다.

혼합 4명(mixed foursome)은 여자 둘 남자 둘이 치는 것이다.

골프의 운동 시간

18홀 한 라운드를 치려면 대략 7㎞를 걷는데, 드라이브 치고, 아이언 치고, 벙커 안으로 들어가면 밖으로 쳐내거나 그린 위로 올려치고, 펏 하느라고 40번쯤은 엉거주춤 하고, 홀에 들어간 볼 꺼내느라고 18번은 꾸부린다.

넓은 들판에서 신선한 공기 마시며 온몸의 근육을 거의 모두 흔들어 놓았으니 입맛이 당기지, 아, 식사해야지! 아니, 그보다 19번 홀에서 한잔하며, 기막히게 친 샷을 순서대로 열거하며 자랑함으로써 그날의 성공을 꼭 재음미하여야 되겠고, 또 잘못 쳐서 이를 갈며 속으로 끌탕을 하고 있는 다른 친구들에게 골프의 진수를 좀 가르쳐 주어야지… 하노라면 적어도 다섯 시간은 흘러간다. 한잔이 길어지며 다음 골프 계획까지 세우자면 2, 3 시간이 더 소요된다.

한 라운드 치는 데 200초

한 라운드를 도는 4시간 동안에 100타 이하를 친다면 한번 스윙에 2초 잡고 실제로 치는 시간은 200초, 즉 3분 20초가량에 불과하다.

한 라운드 치는 데 하루종일

일본에서는 4시간 동안 골프 치는 것이 아니라 골프 치는 날을 아예 하루종일로 잡아 놓기도 한다. 전철 타고 골프장 가서 생달걀, 김, 된장국, 생선구이, 단무지, 녹차로 아침을 먹고 9홀을 마친다. 목욕탕에 푹 담근 다음, 복어 초밥과 청주를 곁들인 점심을 먹고 백나인을 마친다. 다시 목욕하고 맥주 마신 뒤에야 전철 타고 집으로 돌아간다.

연습장

오른쪽은 여성용

골프 연습장에 죽 늘어선 타석 중에 오른쪽은 히프 라인(hip line)에 자신있고 남성에게 자신의 섹시함을 자랑하고 싶어하는 여성이 차지한다. 남성들은 왼쪽 타석부터 채워나가는 것이 관례다.

스윙만 하는 연습장

뉴욕의 라 구아디아 비행장 너머에는 골프 시가 있다.

18홀짜리 골프장에 곁들여 있는 대규모 2층 연습장에는 타석이 100개가 된다. 1963년도에 50억원으로 시작한 곳인데, 연습객들이 볼을 몇 개 치는지도 모르고, 또 볼이 올라와 앉아 기다리는데 그만 쳐야지 하고 돌아설 수가 없어 지칠 때까지 치니 금방 흑자를 보기 시작하였다. 가끔 금색 볼이 나오는데, 그 볼을 반환하면 골프볼 한 상자, 털실 조끼, 골프모자, 골프백, 티 한주머니 등의 상품도 받을 수 있다. 한 사람이 평균 150개씩 치고 나가는데 제일 많이 치고 간 사람은 어느 한국인으로 750개를 친 기록을 세웠다.

프로는 게임 전뿐만 아니라 게임 후에도 꼭 연습장에 들른다.

연습장에서만 잘 맞는 볼

"허, 거참, 연습장에서는 그리도 잘 맞던 볼이 코스에만 나오면 지 마음대로 날아 다녀…" 하는 사람이 있다. 안 그러면 이상하지. 평평한 매트 고무 티 위에 볼을 올려놓고 같은 자리에 서서 눈앞이 확 트인 곳으로 여러 차례 쳤으니 잘 맞도록 조정이 되었지만, 필드에 나가면 18홀의 지형 조건이 다르고, 볼 놓인 자리가 좋든 나쁘든 그 자리에서 한번 치고는 두

말할 수 없는 것과 비교가 될 수 없다. 더욱이 연습장 볼은 내구성 위주로 정규 볼보다 2, 3할은 덜 나가고, 구질이 유연하며 훅(hook)이나 슬라이스(slice)는 더 크다. 따라서 연습장에서보다 코스에서 더 잘 쳐야 원칙인데 그것이 안 되는 것이 골프인 것이다. 연습장에서보다 코스에서 더 잘 치면 프로가 될 가망성이 있다.

벤 호건과 잭 니클러스 둘 중에 누가 더 잘 칠까?

벤 호건은 US오픈 1948, 1950, 1951, 1953, 브리티시오픈 1953년 우승자로 별명은 '기적의 호건' 이다. 잭 니클러스는 US오픈 1962, 1967, 1972, 1980, 브리티시오픈 1966, 1970, 1978년 우승자로 별명은 '황금곰' 이다.

'화 잘 내는' 타미 볼트의 대답은 이렇다. "나는 벤 호건이 연습볼 치는 것을 구경하고 있는 잭 니클러스를 본 적은 있지만, 벤 호건이 다른 사람 연습볼 치는 것을 구경하는 것은 본 적이 없다."

"매년 30 여개국에서 골프를 칩니다."

아, 얼마나 부러운 소리인가? 억만장자 아니면 프로인 모양이구나…. 사실은 오일 탱커 선장의 말이다. 이 선장은 출항 전에 싸구려 연습볼을 2,000개쯤 준비해 둔다. 망망대해로 나가면 갑판에 매트를 깔고 연습볼을 친다. 세계 최대의 연습장이라 지평선이 한계다. 10일 내지 20일 동안의 항해 중 연습볼을 치고, 입항하는 나라 골프장으로 직행한다.

그러나 이제는 지구 환경보호주의자들이 들고 일어나서, 연습볼 제조 회사들은 물에 들어가면 녹아버리는 볼을 제작 시판 중이다.

바둑판과
골프장

G O L F H U M O R

III

골프클럽(golf club)

미 8군 골프장의 비밀 이야기

골프클럽은 원래 친구끼리, 또는 같은 부류의 사람들끼리 모여 즐기자는 발상에서 조직된 것이다. 일종의 성역이나 성지여서 속상하는 인생살이, 문제된 사업 이야기는 피하는 것이 정도이다. 그러나 일부러 돈 잃어 바치는 사교 포커처럼 사교 골프라는 것도 있어서 아쉬운 자가 돈 쓰며 달라붙고, 또 강자는 이를 환영한다. 미 8군 골프장이 용산에 있을 때, 헬기장 옆에 있는 홀은 대 인기였다. 헬기가 내리거나 뜰 때 그 소음을 이용하여 특수한 사람들끼리 딱 달라붙어 앉아 비밀 이야기를 나누었던 것은 이제는 비밀도 아니다.

세계 최초의 골프클럽

골프는 15세기 스코틀랜드에서 시작, 엘리자베스 여왕 I 세가 런던에서 쳤고, 그 대를 이은 제임스 I 세도 왕위를 계승한 지 5년 후 1608년부터 열심히 쳤다.

세계 최초의 골프클럽은 16세기 스코틀랜드의 세인트 앤드류스로 이곳의 올드 코스(Old Course)는 골프의 출생지이자 골프 게임의 영혼이 잠들어 있는 곳이다. 일요일에는 대개 문을 닫는다. 사람들은 골프를 치고 싶겠으나 올드 코스는 쉬어야 하기 때문이다.

미국 최초의 골프클럽

미국의 최초 클럽은 1887년에 탄생했다. 스코틀랜드에서는 제27회 브리티시오픈이 열리고 있던 해이다. 스코틀랜드 태생으로, 뉴욕 용커즈에서 철공소를 경영하는 로버트 락하앗이 고향을 방문 중 세인트 앤드류스를 찾아간 것이다. 그곳의 프로는 다른 사람 아닌 올드 탐 모리스였다. 부자가 이름이 똑같이 탐 모리스였기 때문에 아버지는 올드 탐 모리스였다. 아버지는 1860년 제1회 브리티시오픈에서 준우승, 1861, 1862, 1864, 1867년에 우승했고, 아들 탐 모리스도 즉시 대를 이어 1868, 1869, 1870, 1872년에 우승해서 모리스가의 명성을 휘날렸다.

락하앗은 그 I 세 탐 모리스의 프로샵(pro shop)에서 6개의 클럽과 볼 두 타스를 사가지고 돌아와서, 동네 유지인 잔 리잇에게 주었다. 잔 리잇은 자기의 목장에 3홀 코스를 만들고, 친구 5명을 끌어들였다. 클럽 이름은 만장일치로 고향처럼 세인트 앤드류스였다.

컴퓨터 머리를 가진 골프장 여직원

일본 골프클럽의 멤버 수는 보통 1홀 당 100명으로 하니, 5,000명을 멤버로 둔 골프클럽은 18홀짜리 골프 코스가 3개는 있어야 된다. 18홀짜리 코스 한 개의 멤버는 1,800명인데 이런 골프장의 한 여직원이 1,500명 회원의 얼굴과 이름을 외운 기록이 있다. 이 여직원은 그냥 이름만 걸어 놓고 골프를 치러 나오지 않는 300명을 제외하면, 일년에 두 번째 오는 손님도 꼭 알아보고 인사한다는 것이다. 한 평생에 200명 정도를 알고 간다는데 가히 컴퓨터 머리다.

그 여직원이 있는 클럽에서 회원 이름 팔고 골프를 친다는 것은 어림도 없는 일이었다.

골프 코스

골프장 세 개를 횡재한 의사

컨트리클럽은 교외 지역에 넓은 땅을 확보하여 클럽하우스와 사회적

모임 및 테니스, 골프, 수영 등 운동을 할 수 있는 시설이다.

골프클럽은 골프 치는 채, 또는 골퍼들의 조직체이므로 골프 치는 곳 즉 골프장 자체는 아니다.

1967년에 아랍의 대부호가 미국에 와서 심장수술을 잘 받았다. 고마움의 표시로 무슨 선물을 원하는가 물으니, 미국 심장전문의사가 골프클럽이나 두어 개 사주면 고맙겠다고 대답했다. 물론 골프채를 뜻한 말이다. 얼마 후 이 심장전문의사에게 미국 동부, 남부, 서부에 있는 골프장 한 개씩, 모두 세 개 골프장의 소유권 증서가 배달되었다. 골프클럽을 골프 코스로 잘못 해석한 덕에 횡재한 실화이다.

골프는 컨트롤이 좌우

골프 코스에 나가면 자기의 한 인생이 아무것도 아니며, 세상은 과연 넓구나 하는 생각에 기가 팍 죽고 만다. 이때에 정신 똑바로 차리지 못하면 골프 잘 치기란 힘든 일이 되고 마는 것이다. 골프란 골프장의 형태, 즉 그 설계 및 구조 상태를 잘 관리하느냐 못하느냐에 따라 잘 치느냐 못 치느냐가 결정된다. 점수 관리라는 말을 쓰는데, 제1번 홀에서 첫 드라이브샷부터 제18번 홀에서의 마지막 펏까지 계속 컨트롤을 잘했느냐는 소리인 것이다.

링크스

골프 코스를 골프 링크스(links)라고도 하는데 골프 링크스는 원래는 해안가의 골프장을 뜻했다. 장기판, 바둑판과는 달라 골프는 거대한 땅 위에서 치며 돈다. 골프의 재미는 골프 코스에 세 가지 종류가 있기 때문이다. 즉 쉬운 것, 어려운 것, 불가능한 것이다. 파 3짜리를 숏 홀(short hole)이라 하는데, 어느 골프 코스이든 꼭 연못이나 냇물이 입을 벌리고 있는 숏 홀이 한두 개는 있기 마련이다. 티와 그린 사이에 들어앉아 골프 볼을 받아먹으려 지키고 있는 것이다

개 뒷다리와 돼지 뒷다리

개 뒷다리 혹은 돼지 뒷다리 굽었듯이, 훼어웨이가 큰 나무가 선 곳에서 오른쪽이나 왼쪽으로 방향을 바꾸거나, 언덕 때문에 티에서는 그린이 보이지 않는 홀이 있다. 독렉(dogleg) 혹은 혹렉(hogleg)이라 하며, 오른쪽으로 돌면 독렉 라이트(dogleg right), 왼쪽이면 독렉 레프트(dogleg left)라고 한다. 우선 훼어웨이로 쳐서 독렉 지점에 오면 훼어웨이는 다시 깃발이 휘날리는 그린을 향해 쭉 펼쳐져 있다. 프로들은 제1타로 이런 나무쯤 거뜬히 넘기지만, 아마추어는 얌전히 나무 앞쪽으로 보내놓는 것이 현명한 방법이다.

환상의 샷이나 눈이 휘둥그레질 정도의 샷은 프로에게 맡기는 것이 상책이다.

훼어웨이가 모래밭

뉴저지주 파인 밸리 골프장 5번 홀은 파 3짜리 217야드 훼어웨이 전체가 모래밭이며, 나무로 둘러싸여 있으므로 제1타로 그린에 올리지 못하면 자동 벙커샷이 된다. 7번 홀은 파 5짜리 570야드로 그린은 완전히 모래 함정 즉 트랩(trap)으로 둘러싸여 있다.

바운스가 없는 훼어웨이

스코틀랜드의 세인트 앤드류스 5번과 14번 홀은 500야드 이상인데, 맞바람에다가, 훼어웨이 풀들은 전혀 바운스(bounce)가 먹히지 않는다.

세계에서 경사가 가장 심한 그린

조지아주 오거스타 내쇼날 컨트리클럽 그린들은 경사가 매우 심하다. 파 5 홀에서 보통 골퍼가 쓰리 온(three on)을 시켜도 퍼팅에서 3, 4타를 더 먹게 된다. 그래서 이 클럽의 멤버들은 유난히 이마에 주름살이 깊은 것일까!

이 오거스타 내쇼날 컨트리클럽은 바로 연례 대행사인 매스터스 토너먼트가 열리는 곳이다. 삼림, 강물, 모래 구덩이, 또 삼림이 교묘하게 배치되어 있다. 매년 이곳에 모이는 골프 관객 즉 갤러리(gallery)와 보도진은 3만 명이 된다. 인구 10만인 소도시 오거스타에는 숙박시설이 없지만 해결책은 간단하다. 오거스타 시민 3만 명이 매스터스 기간 동안 바로 옆주 플로리다로 휴가를 가고 빈집들이 숙박시설로 제공된다.

TIP

오거스타 내쇼날 클럽

이 클럽은 1931년 창설 이래 지금까지 회원을 300명 안팎으로 유지하고 있는데, 회원 중 누군가 죽거나 탈퇴할 때만 새 회원을 영입했다. 지금도 여성은 안 받고, 1990년 이전까지만 해도 흑인은 받지 않았다. 2002년 USA투데이가 회원명단을 입수해 보도하기 전까지는 누가 회원인지도 알 수 없었다. 워런 버핏, 잭 웰치 같은 월가와 재계 거물, 조지 슐츠 전 국무장관, 아놀드 파머 같은 유명인 이름은 있었지만, 도널드 트럼프 같은 부동산 재벌이나 닷컴으로 억만장자가 된 신흥부자들은 명단에 없었다. USA투데이는 오거스타 클럽의 성격을 '미국 각계에서 일가를 이룬 평균 연령 72세 백인 모임'으로 분석했다. 이 명문클럽 회원 가입비는 2만5천~5만달러에 연회비로 한 해 1만달러 정도로 알려져 있다.

두뇌 플레이

펜실베이니아주 아드모어의 메리온 골프장에는 그린 앞에 강이 흐르고, 훼어웨이 한중간에 채석장도 있다. 이러니 어려운 홀, 불가능한 이 홀은 프로가 아닌 한 목표지점까지 단번에 돌진해 공격할 수가 없는 것이다. 매번 안전한 곳을 찾아 또박또박 치며, 위험지역을 피하는 계산을 해야 되므로 참을성 있게 머리를 써야 된다.

절벽 위에 만들어진 링크스

샌프란시스코 남부, 마너레이 반도에 페블비치 골프 링크스가 있다. 8

번 홀에서 티샷을 하고, 볼이 해안선 너머 바다 쪽으로 날아가는 것 같아 확실히 보려고 옆으로 자꾸 나가다가 절벽 및 태평양으로 떨어져 죽은 사람이 있을 정도로 유명한 곳이다.

90홀 골프장

노스 캐롤라이나주 파인허스트 컨트리클럽은 1895년 제임스 W. 터프츠가 5천 에이커에 90홀짜리 골프장을 지은 곳이다. 그 후손이 계속 경영 중인데, 현재는 18홀 짜리가 7개다. 국제 골프 학교도 있고, 월드 골프 홀 오브 페임(World Golf Hall of Fame)도 여기에 있다.

최고산지대 골프장은?

해발 4,369m인 페루의 툭투 골프클럽이다.

최저지대 골프장은?

해저 381m로 사해 동북 해안 제리코 남쪽 칼리아 호텔의 9홀 골프 코스이다.

최소 골프장은?

영국 남서쪽 넓이 600에이커의 메이섬으로 농부, 사냥꾼, 등대지기 셋이서 미니 클럽을 조직한 4홀짜리이다.

최장거리 골프장은?

캐나다 동쪽 국립공원지대에 있는 섬으로 거리 표지판이 티에만 있는 것이 아니라, 한 홀 치고 그린을 나오면 거리 표지판이 서 있는데 다음 홀 티까지의 거리 표시로 수 킬로가 된다. 18홀을 다 돌면 섬을 일주하게 된다.

모래밭으로 만들어진 골프장

중동 사막에 사우디아라비아 석유회사가 사원용으로 만든 가후지 컨트리클럽은 6,400미터, 18홀, 파 72의 완벽한 골프장이다.

그러나 사막이니 전 코스가 모래와 바위의 거대한 벙커인 셈이므로 혹시 샌드웨지 하나로 계속 치는 것은 아닐까? 아니다. 골퍼는 매트와 고무래 즉 레이크(rake)를 들고 돈다. 모래의 훼어웨이에서는 매트를 깔고 치고, 콜탈로 된 그린에서는 레이크로 땅을 고르고 친다.

아프리카 골프장

아프리카의 우간다, 케냐, 탄자니아 등의 골프 코스에서는 야생 동물을 피해 골프를 친다. 3번 홀에서는 얼룩말 떼를 넘겨서 티샷, 5번 홀은 기린의 목을 피하여 훅을 걸어서, 그리고 특이한 로컬 룰(local rules)의 하나로 하마 발자국 속으로 들어간 볼은 페널티 없이 옮겨도 된다.

달나라 골프 코스

1971년 달에 도착한 쉐퍼드는 조립식 골프클럽을 꺼내 볼을 힘껏 때리고 시구식을 행하였다. 볼은 포물선을 그리며 월면에 떨어졌다가 대굴대굴 굴러 300야드의 롱 드라이브가 되었다. 달에는 공기가 희박하므로 스핀(spin)이 걸리지 않고, 슬라이스나 훅의 걱정도 없다. 공기의 저항이 없으니 누구나 롱 힛터(long hitter)가 될 수 있다.

홀 수

18홀을 돌면서 홀마다 다른 스릴을 느끼는 것으로만 그치지 않고 각기

다른 영감이 떠오른다면 코스를 만끽하는 것이다.

처음부터 골프 코스의 홀 수가 9홀짜리 둘로 18홀이었던 것은 아니다. 가장 오래된 에딘버그 골프장은 아직도 6홀이다. 1870년대 윔블던은 7홀짜리를 세 번 돌아 21홀을 쳤고, 지금은 12홀짜리를 세 번 돌아 36홀로 토너먼트를 한다. 세인트 앤드류스는 9홀을 나갔다가 같은 그린을 사용하여 9홀을 돌아 들어오는데, 이것이 가장 유명해져서 현대 골프시합은 18홀로 된 것이다.

18홀 코스에서 1번 홀부터 9번 홀까지는 프론트 나인(front nine) 혹은 아웃코스(out course)라 하고 10번 홀부터 18번 홀까지는 백 나인(back nine) 혹은 인코스(in course)라고 한다.

골프 코스가 18홀이 된 연유를 술과 연관시켜 설명하는 사람도 있다. 스코틀랜드는 물론 스카치위스키로 유명하다. 스코틀랜드의 바닷가 코스는 바람이 몹시 불어 춥다. 때문에 스카치위스키는 스코틀랜드 골퍼에게는 필수품인데 골프백에 스카치 한 병을 넣고 나가 티에 설 때마다 한 잔씩 따라 마시다 보니 18잔으로 끝이다. 골프도 18홀에서 끝내고 클럽 바에 들어와 술을 계속한다. 그래서 클럽 바의 별명이 19번 홀이 된 것이다.

파

파는 다음 표와 같이 그 홀의 거리로 보통 결정하는데 룰에 규정된 것은 아니다.

지금까지 미국에서 알려진 파 3의 가장 긴 거리는 288야드, 파 4는 501야드, 파 5는 668야드이다.

홀	파	남성 거리	여성 거리	타
롱 홀(long hole) 4개	파 5	430m 이상	366~526m	20타
미들 렝스(middle length) 10개	파 4	230~430m	193~366m	40타
숏 홀(short hole) 4개	파 3	229m 이하	192m 이하	12타
합 계 18개				합계 72타

훼어웨이(fairway)

원래는 골프장 전체를 녹색 초원이라 해서 그린(green)이라 하던 것이 이제는 펏하는 곳만 그린이 되었다. 제1타 지역부터 그린까지의 지역은 스루 더 그린(through the green), 훼어 그린(fair green)으로 이름이 바뀌다가 현재의 훼어웨이가 된 것이다.

훼어웨이는 티에서 그린까지 풀을 항상 깎아 놓는 곳으로 훼어웨이 한가운데로 치는 것이 목표인데 그것이 그리도 어렵다. 특히 야구선수들이 더 불평이다.

"야구는 야구장 왼쪽이든, 오른쪽이든, 한중간이든 90° 각도 이내의 담장만 넘기면 홈런인데, 젠장 골프는 매번 제 2루 쪽으로만 쳐야 하니…."

오 비 (out of bounds)

OB는 영원하다

아웃 오브 바운즈를 줄여서 OB라고 하는데 시원한 OB맥주와는 반대로 아주 악질이다. 코스 외부 경계선은 말뚝으로 표시되어 있다. 이곳으로 볼이 들어가면 스트록 앤 디스턴스(stroke and distance)라는 쌍벌죄를 받는다. 점수로는 이미 쳤으니 한타 먹었고, OB낸 벌타로 또 한 타 받으니 2타, 잘못 친 곳으로 되돌아가서 칠 때는 3타째인데, 거리는 제자리걸음이니 이중으로 손해다. 우리나라는 한 사람의 내장객이라도 더 수용하고 신속한 진행을 위해 원래 친 곳으로 되돌아가지 않고 벌타만 받고 플레이를 속행하는 로컬 룰을 적용하는 곳이 대부분이다.

한동안 OB를 안 내고 잘 치는구나 생각하면 또 OB볼이 나오는 것이 골프다.

TIP

옮겨놓을 수 있는 인공 장해물

골프를 경쟁으로 하건 오락으로 하건, 프로로서 하지 않을 뿐만 아니라 재정거리 표시 야드목, 해저드 표시목, 또는 버려진 깡통 등 인공적으로 버려진 물건들이다. 그러나 OB 표시 말뚝은 인공 장해물이 아니기 때문에 있는 그대로 치거나 1벌타를 부과받고 2클럽 이내에 드롭하고 칠 수는 있다.

집나간 마누라와 OB난 볼

인도의 로열 캘커타 골프장에는 인도의 국조인 공작새들이 많다. 새로 왕이 된 놈이 벙커 앞에서 암놈들에게 자기 앞으로 갖다 대라고 날개를 활짝 펴고 서 있는 것은 가관이다. 이 골프장 7번 홀 좌측에는 바로 적국 파키스탄과의 국경선이 있다. 2미터 높이의 담이 있고 경비병도 서 있다. 여기서 난 OB볼은 국경선을 넘어가는 것이다.

'집나간 마누라와 OB 난 볼은 찾지 말라' 는 말도 있다.

프로비저널 볼(provisional ball)

첫 번 볼을 잃었거나 OB 난 경우에 꺼내 쳐야 하는 두 번째 볼을 말한다. 첫 번째 친 볼을 찾으면 프로비저널 볼을 다시 집어넣기 때문에 임시 역할 볼이라는 뜻이다.

해저드(hazard)

위험스런 자연 장애 구역으로 벙커, 도랑, 나무, 수풀 등을 말하며 연못이나 냇물은 워터 해저드(water hazard)라고 한다.

TIP

해저드 안에서 루스 임페디먼트로 덮여 있는 볼을 찾거나 확인하는 경우
선수는 자신의 볼을 발견하거나 확인하기 위하여 루스 임페디먼트를 접촉하거나 옮길 수 있다. 그때 볼을 움직인 경우에는 규칙 18-2a에 의해 1벌타가 적용된다. 다시 말해 해저드 안에서 낙엽이나 죽은 나뭇가지와 풀잎 등에 덮인 공을 찾거나 확인하는 과정에서 공이 움직이면 1벌타를 받는다. 루스 임페디먼트를 제자리에 덮을 때 볼을 움직인 경우에는 벌은 없으나 플레이어가 볼의 일부를 조금만 볼 수 있도록 해 두는 것이 허용된다. (2012. 1. 1. 개정)

알아서 긴 하원의장

미 하원의장 팁 오닐과 리 트레비노가 골프를 치는 도중 앞에 연못을 만났다. 오닐 의장이 헌 볼을 찾아 티업하려니까, 리 트레비노가 말했다.

"거 뭘 궁상스럽게 그러십니까? 헌 볼 넣고 새 볼 놓고 연습스윙 한번 해보십시오. 제가 봐드릴게요."

하원의장이 옳거니 오늘 한 수 배우는구나 생각하며, 새 볼을 놓고 연습스윙을 했다. 뒤에서 아무소리 없어 그냥 치려고 하자 트레비노가 소리

쳤다.

"아니 잠깐만요. 의장님이 잘 보셨습니다. 헌 볼로 바꿔 치십시오."

물은 새 볼을 좋아한다

1973년 브리티시오픈 우승자 톰 와이즈코프는 같은 오하이오주 출신인 잭 니클러스의 2년 후배. 1980년도 매스터스 토너먼트가 열린 오거스타 내쇼날에서 파 3의 155야드 12번 홀에서의 일이다. 그린 앞에서는 '레이즈의 냇물' 과 벙커가 보호하고 있고, 뒤에서도 벙커와 아름다운 꽃나무 숲이 경호하고 있는 곳이다. 평소 바람이 세차게 부는 곳이어서 클럽 선택이 어려운 곳인데, 톰 와이즈코프가 치려는데 바람도 자고 있었다. 까다로운 홀이라 일부러 새 공을 꺼내 8번 아이언으로 치니 그린에 떨어졌으나 뒤로 튀어서 레이즈의 냇물로 빠져버렸다. 다시 쳐서 또 물속으로, 또 쳐서 또 물속으로…. 그 홀을 끝낸 타수는 13이었다. 오거스타 내쇼날의 파 3이나 파 4 홀에서 제일 많이 친 기록을 세웠다. 와이즈코프의 부인이 남편의 우승 꿈이 레이즈이 냇물 속으로 물거품이 되는 것을 보며 울었다. 톰 컬버라는 친구가 어깨를 껴안고 위로해주었다.

"자꾸만 새 볼로 치니까 물로 들어간 거야."

골프장의 나무는 대통령도 못 옮겨

아이젠하워 대통령의 최고 업적 중의 하나는 미국을 골프의 나라로 만든 것이다. 백악관 남쪽 뜰에서 치핑(chipping) 연습을 하고 집무실에서 퍼팅 연습을 열심히 했다. 핸디캡은 90 정도였다.

그는 매스터스가 열리는 오거스타 내쇼날 골프클럽 멤버였다.

그곳 17번 홀에는 나무가 한 그루 있는데, 아이젠하워는 꼭 그 나무를 맞히는 징크스(jinx)가 있었다. 그 나무 좀 없애 달라 여러 차례 요청했으나 클럽 회장 클리포드 로버츠는 들은 척도 안 하고, 그 나무를 '아이크의 나무' 로 명명했다. 제2차 세계대전시 전 유럽을 파괴시킬 수 있었던 아이젠하워도 미국 골프장에 있는 나무 한 그루를 마음대로 못하였다.

내가 자네 나이 때에는

캐디 출신이며 '악운의 왕' 샘 스닛, PGA 투어(Tour) 역사상 최고 수입자인 톰 카이트, 또 남아프리카의 젊은 선수로서 처음으로 매스터스에 출전한 바비 코울이 시합 전 연습라운드를 같이했다. 오거스타 내쇼날 13번 홀은 파 5의 독렉 레프트였다. 샘 스닛이 드라이브를 잘 치고 나자, 바비 코울이 칠 준비를 하였다. 샘 스닛이 말했다.

"여보게 젊은이, 내가 자네 나이 때는 저 나무 위로 그냥 넘겨 버렸다네."

바비 코울이 분발하여 세차고 높게 쳤으나, 소나무 높이 3분의 2쯤에서 걸려 버렸다. 껄껄 웃으며 샘 스닛이 다시 말했다.

"하기야 내가 자네 나이 때에는 저 나무도 자네 키만 했었지."

러프(rough)

거칠거칠한 것이 러프이니, 훼어웨이 외곽에 일부러 방치해둔 긴 풀밭이다. 러프에 들어가면 잘 띄워서 다음 샷 치기 좋은 훼어웨이로 나오는 것이 목표다. 채를 뉘어서 백스윙은 높게, 다운스윙은 천천히 지면을 따라 친다. 풀 속에 콱 박혀 들어가면 안 되므로 풀은 조금 칠수록 유리하며, 볼 밑 풀들을 칼로 베듯 잘라 버려야 한다.

볼을 입으로 받았을 때

러프에서 빠져 나오려고 친 볼이 나무를 맞고 튀어와 '아!' 하는 사이에 목젖을 강타한다. 이를 악물었다가 앞니가 다 나가는 것보다는 나은 불행 중 다행일까? 아프고 창피해서 게임을 중단해 버렸으면 모를까 속행할 경우는 페널티 2타 먹고, 볼을 입으로 받은 장소에서 드롭(drop)하는 것이 룰이다.

가장 아름다운 곳으로 들어간 볼

"나는 기꺼이 두 타 먹고 드롭하겠습니다. 그 룰을 대환영합니다." 여성 프로골퍼(LPGA) 챔피언 시합에서 일레인 존슨이 티샷한 볼이 나무를 맞고 자기 브래지어 속으로 들어갔을 때 한 말이다.

벙커(bunker)

샌드(sand) · 샌드 벙커(sand bunker) · 트랩(trap) · 샌드 트랩(sand trap)이라고도 한다.

벙커의 유래

골프 초기 영국의 골프장에는 양이 방목되고 있었다. 바닷바람이 차가워 아무리 털이 많은 양이라도 서로 몸을 비벼대며 몰려서 우왕좌왕하니 땅이 움푹 파이게 되었다는 것이 최초의 반 자연 벙커설이다.

인공 제작설도 있는데, 어느 백작이 부부싸움 끝에 집 앞에 있는 그린 부근으로 나와 골프채로 죄 없는 땅을 두들겨 패다가 집으로 돌아갔다는 것이다. 밤새 폭풍우가 몰아쳤는데 아침에는 활짝 개어서 골프를 치러 가보니 큰 벙커가 되어있더라는 것이다.

"허, 저런 것을 군데군데, 특히 그린 앞에 만들어 두면 재미있겠군."

100원어치 모래가 날아간다.

벙커에 볼이 들어가면 골퍼는 우선 '아이구 죽었구나!' 하는 생각밖에 안 하지만, 골프장 측으로서는 '돈 들일 생겼구나' 한다. 티끌모아 태산이라고 벙커 속에 모래 채우는 비용도 대단하기 때문이다. 모래도 개성이 있어서 입자가 곱고 흰색깔의 바다 모래, 거칠고 검고 무거운 개천 모래, 분말 같은 산모래 등 감촉이 다 다르다. 덤프트럭으로 모래를 실어 나르는데 보통 코스에 2,300평방미터의 모래를 채워 넣어야 한다. 벙커샷 할 때마다 몇 백원어치의 모래가 날아갈 수도 있는 것이다.

모래 지옥 벙커

미국 브레스트윅 C.C.의 벙커는 완전히 모래 지옥이다. 지하 2층 깊이로 아예 계단으로 내려오른다. 일본 사이따마의 미리 C.C. 에는 길이 200미터, 폭 13미터짜리 대형 벙커도 있다.

벙커 안에 들어가서 채가 바닥에 닿으면 한 타 친 것이나 마찬가지다.

샌드 샷(sand shot)

그린 주변 벙커에서 칠 때 유일하게 볼을 채로 직접 맞히지 않는 샷이다. 채 머리를 볼 뒤 모래에 쳐 넣어서 모래 한줌이 튀며 볼을 떠받들고 폭발하도록 친다. 브래스트(blast)나 익스플로존(explosion)이라 표현한다. 그러나 그린에서 멀리 떨어진 훼어웨이 벙커에서는 거리에 맞는 채로 공을 직접 때려야 한다.

샌드 샷은 샌드웨지(sand wedge)로 친다. 채 면은 뒤로 벌렁 누웠고, 머리는 제일 무겁고 넓적이에, 궁둥이는 아래로 불퉁 쳐지고, 키는 제일 난쟁이인 아이언이다.

넣고 잘 쳐, 안 넣고 못 쳐?

벙커에 넣고도 파를 유지하는 사람이 있다. 벙커에 잘 넣으니, 벙커샷도 잘하게 된 것이다. 벙커는 꼭 피하고 벙커샷을 할 줄 몰라도 될까? '기적의 벤 호건' 은 벙커에 넣는 경우도 없지만, 시합 전에 벙커샷 연습을 우드 4번으로 하는데 항상 그린 위에 올렸다.

헤매면 친구, 나왔으면 개새끼

"내 친구 벙커에서 계속 헤매고 있어, 아니면 그 개새끼 그린 위로 올렸어?"

코스 레이팅(course rating)

자기가 항상 치는 조그만 골프장(par-3 course)에서는 파에 버디(birdie)도 가끔 하는 사람이 정규 골프장(regulation golf course)에 초대받아 세상 구경을 나갔다가 우물 안 개구리였음을 절감하는 수가 있다. 한 우물 파랬다고 내 본토에서 놀아야겠구나 하는 생각이 든다.

코스 레이팅이란 핸디캡 0인 사람이 한 코스를 몇 타로 끝낼 수 있느냐 하는 예상치이다. 대부분의 골프장 코스 레이팅은 72 이하다. 그러나 코스가 길고, 그린을 향한 레이아웃(layout)이 공략하기 어렵게 설계된 코스는 72가 넘는 경우도 있다. 코스 레이팅이 68이면 쉬운 골프장이다. 이곳에서 항상 78을 치니 10타 오버(over)다. 한 타만 줄이면 싱글(single)이 되는 날도 멀지 않았다고 생각하는 것은 오산이다. 코스 레이팅이 76으로 어려운 곳이라면, 그 실력으로는 86으로 끝내기보다 90으로 끝낼 가망성이 큰 것이다.

핸디캡(handicap)과 점수

핸디캡의 유래

핸디캡은 스카치위스키를 좋아하는 사람들에게서 비롯한 말이다. 스코틀랜드 남자들은 친구 셋 이상만 모이면 아침부터라도 술집으로 직행하여 술잔치를 벌인다. 술값을 계산할 때도 이들은 더치페이하는 네덜란드 사람들과는 달리 쩨쩨하게 굴지를 않는다. 영국 신사들이고 보니 "그만 마시고 술값 내자!" 라고 할 때는 "핸드 인 어 캡(hand in a cap)" 하고 누군가 말한다. 그러면 한 사람이 모자를 벗어 들고 일어나고 모두들 주머니에서 돈을 꺼내 모자 속에 집어넣는다. 누가 얼마를 냈는지를 모르면서 모두들 낼 수 있는 만큼 내었다는 공평하고 편한 마음을 갖게 되는 것이다.

핸디캡 계산 방법

골프가 신사숙녀의 정정당당한 게임으로 붐이 조성될 수 있었던 첫 요소는 남녀노소, 실력차를 막론하고 누구라도 대등한 조건에서 플레이할 수 있는 핸디캡 덕이다. 19세기에는 약자인 사람이 훨씬 전방에서 티 업(tee up)할 수 있었다. 장기에서 차, 포를 떼어주는 식으로 잘 치는 사람이 클럽의 개수를 줄이기도 하였다. 클럽 한 개로 한동안 아마추어에게 지지 않았던 프로가 나오기도 하였다. 바둑과 같이 시작하기 전에 미리 몇 홀의 승리를 주고 치는 방법도 있다.

실제적으로 핸디캡은 어떻게 정하는가? 목표는 잘 치는 사람과 못 치는 사람이 함께 칠 수 있도록 공평한 경기가 되도록 하는 데 있다. 즉 코스 레이팅과 골퍼의 평소 타수(점수)를 연관시켜 산정한다. 예를 들면 최근 20번 친 것 중 제일 잘 친 열 번의 평균이 90이고 코스 레이팅이 70이라면, 90에서 70을 빼고 남은 20의 85%인 17이 핸디캡이다.

정직하면 불리

술 때문에 시작한 핸디캡이지만 술좌석에서는 핸디캡 이야기를 피하는 것이 좋다. 특히 골프를 치기 전날 밤 주석에서 핸디를 선언하게 되면 자신을 과대평가하고 핸디를 과소평가하기 쉬운 것이다. 실제 시합에 들어가서 현실과 큰 차이를 느끼고 후회한들 이미 때는 늦은 것이다.

"너는 핸디캡이 얼마냐?"

"나는 핸디캡이 너무 정직하다는 게 문제야."

그로스 스코어와 네트 스코어(gross score, net score)

그로스는 실제로 친 총타수, 즉 핸디캡을 감하기 전 총타수를 말하며, 네트는 핸디캡을 제한 타수이다.

스크래치 플레이어(scratch player)

핸디캡이 제로(zero)인 골퍼 즉 평균 파(even par)를 치는 사람.

스트록(stroke)

한 번 치는 것으로 한 타를 말한다. 야구에서 방망이를 휘두르면 무조건 스트라이크인 것처럼 골프에서도 쳤으면 한 스트록이 되는 것이다. 한 샷과 비슷한 말이다.

스트록플레이와 매치플레이(stroke play, match play)

스트록플레이는 총타수 계산으로 승자를 결정하며, 매치플레이는 타수가 아니라 이기고 진 홀 수로 승리를 결정하는 게임이다.

스코어 카드(score card)

프로샵이나 스타터(starter)실에는 스코어 카드와 짤막한 연필들이 비치되어 있다. 만약 연필이 발명되지 못했다면 스코어 카드가 생겨날 수 있었을까 하는 것은 우문이라 치자. 18세기에 어떤 신사가 처음으로 연필 같은 것을 갖고 골프를 치러 온 것이다. 그때까지는 골프 경기라면 매 홀 승패를 결정하는 매치플레이밖에 없었다. 그러나 이 연필은 갖고 온 신사가 매 홀을 치면서 타수를 기록하였다. 이렇게 스코어 카드가 탄생하니, 현재 골프 경기에서 총타수를 따지는 스트록플레이가 가능하게 되었다. 그 당시 영국에는 만년필이나 휴대용 필기도구가 없었다. 여하튼 그 신사는 스트록플레이의 아버지, 연필의 어머니라 말할 수 있겠다.

스코어 카드에는 각 홀마다 기준 타수로 쳤다면 즉 파는 몇 타인가가 기록되어 있다. 그 밑 공란에 자신의 타수를 기록하면 된다. 또 스트록 핸디캡 난에는 가장 어려운 홀(1)부터 가장 쉬운 홀(18)까지 순서가 매겨져 있다. 핸디캡 높은 사람이 3타를 받고 친다면, 가장 어려운 홀 1, 2, 3에서 한 타씩 받으면 된다.

벌타(penalty stroke)

페널티는 파멸의 근원

티샷을 OB내고 볼을 찾지 못하여 다시 티샷을 할 때는 세 번째 치는 것이다. 볼이 물로 들어간 경우, 5분 내에 찾지 못한 경우, 칠 수 없는 곳에 떨어진 경우, 남의 볼을 쳤을 때, 핀이 꽂혀 있는데 그린에서 그대로 펏했다가 핀을 맞힌 경우, 다 벌타 하나씩을 먹게 된다.

US오픈의 경우, 전국에서 선발된 150여 명이 4일간 경기에 임한다. 18홀씩 2일간의 예선을 거쳐 최우수 선수 60여 명이 18홀씩 이틀간 본선에 들어가는 것이다. 1위가 동타로 끝나는 경우 단독 우승자가 나올 때까지

18홀씩 써든 데스(sudden death)게임을 계속한다.

골프에서의 한 타는 곧바로 승패의 갈림길이니 페널티는 사형선고나 마찬가지다.

호놀룰루로 가라

캘리포니아의 페블비치에서 빙 크로스비 내쇼날 프로 아마 혼성시합 때 파 3의 17번 홀에서 아놀드 파머가 친 드라이브샷이 절벽 아래로 날아갔다. 수백만 명이 TV를 보고 있는데 중계 해설을 맡은 사람은 지미 디마렛이다. 그는 프로 시절에 연습은커녕 파티 때문에 잠도 안 자고 시합에 나오기로 유명하며, 1940, 1947, 1950년 매스터스 우승자였다. 한때는 나이트클럽 가수 생활을 하기도 했었으며, 벤 호건의 거의 유일한 친구였다.

아나운서가 그에게 물었다.

"저런 경우는 칠 수 없는 볼이 되었는데 룰에 의거하면 어떻게 해야 됩니까?"

지미 디마렛의 해설이 걸작이다.

"볼 넘어간 절벽으로 가서 홀을 쳐다보고 서서, 어깨 뒤로 볼을 드롭하고, 그 볼이 떨어진 곳에 가서 쳐야 됩니다. 저 친구 볼 떨어뜨리면 또 태평양으로 빠질 터인데 무슨 재주로 그 볼을 찾으며, 또 찾았다 해도 어떻게 바다 위에 서서 칠 수 있겠습니까? 결국 가까운 육지를 찾아야 되니, 호놀룰루로 가서 쳐야 되겠습니다."

점수 매기기(scoring)

앨버트로스(albatross) · 더블 이글(double eagle): 파보다 3타 적게 친

것. 더블 이글은 실제로 홀인원보다 어렵고 희귀하다. 그 이유인즉, 에이스는 파 3의 숏 홀에서 한번 잘 쳐 가능한 것이나, 앨버트로스는 파 5짜리 롱 홀에서 두 번을 정확히, 멀리 잘 쳐야 가능하기 때문이다.

이글(eagle): 파보다 2타 적게 친 것.

버디(birdie): 파보다 1타 적게 친 것. 보통 골퍼에게는 꿈같은 점수.

파(par): 탁월함의 상징. 한 홀에서 골프 전문가가 칠 수 있는 타수. 그린에서의 퍼팅은 2타로 계산으로 포함되어 있는데 보통 골퍼에게는 이상적 타수이다.

보기(bogey): 파보다 한 타 많은 것. 보통 사람의 파 같은 느낌이 드는 타수이다. 한때 영국에서 아기를 재울 때 "아가야 울지 마라. 울면 도깨비(bogeyman)가 온다"는 자장가가 유행하였다. 영국에서 브라운이란 의사가 평균 파의 스크래치 스코어를 내자, 웰크 대령이, "저 사람이 바로 보기맨이다" 고 말한 데서 유래한다. 원래 보기는 파와 필적하는 의미의 스코어인데 미국으로 건너와 잘못 이해되어 파의 아래가 되었다.

더블 보기(double bogey): 파보다 2타 많은 것.

트리플 보기(triple bogey): 파보다 3타 많은 것.

쿠아주르플 보기(quadruple bogey): 파보다 4타 많은 것. 더블 파(double par)라는 말은 없음.

나는 새도 떨어뜨렸으나

1964년도 내쇼널 오픈 때 바비 큐핏이 티샷을 했는데 공중에서 오리와 충돌해 둘 다 코를 밑으로 박고 훼어웨이 한가운데로 추락하였다. 오리는 두어 번 몸을 뒤틀다 일어나더니 다시 날아가 버렸으나, 볼이야 용쓰는 재주 없어 그대로 놓여 있었다. 오리에 맞는 바람에 거리를 손해 봐 결과는 더블보기. 큐핏은 공으로는 버디를 맞혀 잡았지만 타수는 버디보다 3

타나 뒤떨어졌다. 이런 경우 움직이고 있는 플레이어의 볼이 우연히 국외자(outside agency)에 의하여 방향이 변경되거나 정지된 경우는 누구에게도 벌이 없으며 그 볼은 있는 그대로의 상태로 플레이해야 된다.

TIP

국외자(Outside Agency)

매치 플레이에서 국외자란 플레이어나 상대편, 어느 한 편에 속한 캐디, 현재 플레이하고 있는 홀에서 어느 한 편이 플레이한 볼 또는 어느 한 편의 휴대품을 제외한 모든 사람과 사물을 말한다. 스트로크 플레이에서 국외자란 경기자편, 경기자편에 속한 캐디, 현재 플레이하고 있는 홀에서 경기자편이 플레이한 볼 또는 경기자편의 휴대품을 제외한 모든 사람과 사물을 말한다. 국외자에는 심판원, 마커, 업저버 그리고 포어 캐디가 포함된다. 바람과 물은 국외자가 아니다.

"나는 80아래서만 쳐. 그 이상 올라가면 열이 나서 못 쳐."

스코어가 아니라 날씨 온도(화씨) 이야기로 코미디언 조 E. 브라운의 말이다.

"몇 개 오버야?"

"세 개. 하나는 주차장 위로. 하나는 고속도로 건너. 또 하나는 철조망 넘어로."

"어떻게 쳤어요?"

"18홀 다쳤어요."

스코어 줄이는 방법

아놀드 파머에게 스코어 줄이는 방법을 물었다.

"거, 좀 어렵지요. 골프장 연필에는 지우개가 안 달렸잖습니까? 집에서 지우개가 달린 아이들 연필을 한 개 갖고 나가십시오."

야구 방망이와 골프채

G O L F H U M O R

IV

골프 장비(golf equipment)

- 골프채(golf clubs)
- 헤드 카버(head covers)
- 볼(ball)
- 골프백(golf bag)
- 백 카버(bag cover)
- 풀 카트(pull cart)
- 골프 신발(golf shoes)
- 골프 장갑(golf glove)
- 골프 옷(golf clothes)

  남자: 셔츠(shirt), 슬랙스(slacks), 양말(socks)

  여자: 블라우스(blouse), 버뮤다 쇼츠(Bermuda shorts), 슬랙스, 스커트(skirt), 양말
- 핸드 타월(hand towel)
- 햇(hat), 캡(cap), 바이저(visor)
- 윈드브레이커(windbreaker), 플래스틱 레인코우트(plastic raincoat)
- 우산(umbrella), 파라솔(parasol)

TIP

버뮤다 쇼츠

미국의 피서지인 버뮤다제도의 원주민들이 착용한 복장에서 연유한다. 무릎이 보일 정도로 짧고 품이 좁은 바지로 젊은이들이 즐겨 찾는다. 스포츠와 리조트용으로 남녀 공용. 1950년대에 유행된 후 점차 여름옷으로서 정착되었다.

골프복(golf clothes)

골프는 유일하게 옷을 잘 입고도 칠 수 있는 경기다.

신사 숙녀의 스포츠로 시작된 초기의 골프는 복장을 단정히 하기 위해 넥타이를 매고 플레이를 하였다. 이제는 셔츠를 주로 입지만 언더셔츠(under-shirt)는 금물이다. 지나치게 간편한 것을 허용하면 복장이 문란해지므로 터부시 한다. 골프는 옷깃을 여미며 겸허한 태도로 즐기는 스포츠다.

미국의 프로 골프 시합 때 아마나(Amana)라고 씌어진 모자를 쓰고 나오는 것을 흔히 본다. 그것은 아마나 냉동 회사에서 회사 선전 목적으로 참가 프로골퍼들에게 무료로 생명보험을 들어주기 때문이다.

골프화(golf shoes)

구두 속 온도

한여름 골프 코스에서 구두 속 온도를 측정하면 백색 35도, 황색 39도, 갈색 43도, 흑색 47도이다. 무좀균이 제일 좋아하는 것이 고온과 습기이니 여름철에는 흰 양말에 흰 구두가 제일 좋다고 하겠다.

2,500만원짜리 골프화

대부호용 골프화로 2,500만원짜리가 있다. 영국의 스타이로사가 제작한 1,000만원짜리인데, 양가죽에 금박을 입히고 구두 속은 밍크 털로 입히고 깔았으며, 18금 스파이크 끝에는 루비가 박혔다.

세금을 가산하면 2,500만원이 된다.

골프채(clubs)

골프채는 스윙 무게(swing weight) A, B, C, D, E로 구분하는데, A가 경량, E가 중량이다.

샤프트(shaft)의 유연성으로 구분할 때 초강력 스윙 골퍼를 위한 엑스트라 스티프(X-stiff), 강한 골퍼를 위한 스티프(stiff), 보통 골퍼를 위한 레귤러(regular), 그 다음이 알딜라(aldila), 그리고 스윙이 느린 골퍼를 위한 소프트(soft)로 구분된다.

1975년도 도럴 이스터 오픈 시합에 잭 니클러스는 지난 9년 동안 애지중지하던 드라이버 대신에 30년 묵은 고물 드라이버를 갖고 나와 화제가 된 적도 있다.

19세기 말까지는 호두나무(hickory) 가지로 만들었다. 제1차 세계대전을 계기로 신병기 개발을 위한 철강업이 발달하여 골프채 대가 스틸 샤프트(steel shaft)로 변했고, 또 미 · 소 로켓 경쟁 덕에 티타늄(titanium)과 카본 그라파잇(carbon graphite)이 출현했다. 블랙 샤프트(black shaft)가 인기이나 검정 페인트로 처리한 것에 불과하다.

클럽 헤드(club head)의 앞면은 얼굴(club face), 얼굴 한가운데 볼이 맞아야 되는 점이 스위트 스팟(sweet spot)이다. 앞면이 뒤로 눕는 각도는 로프트(loft), 클럽 머리 밑바닥은 쏘울(sole), 밑바닥 최후부는 발굽, 힐(heel)이다.

골프채 이름

● 우드(woods)

지금은 모두 알루미늄 · 메탈(aluminum · metal) 우드인데 티샷과 훼어웨이 샷(fairway shot)용이다.

① 드라이버(driver · No. 1 wood): 가장 길이가 길고, 로프트가 적고, 아마추어 기준으로 비거리(carry)가 200~280 야드인데 공식 최장 비거리 기록은 아일랜드의 타미 칸벨의 392야드이다.

② 브래씨(brassie · No. 2 wood): 모래밭이 많은 스코틀랜드의 프로 로버트 호건이 개발한 것으로 채 면에 동판을 붙이고 다운 블로우(down blow)로 쳤다. 비거리 대략 200야드.

③ 스푼(spoon · No. 3 wood): 자신감이 가는 우드로 비거리 대략 190야드. 훼어웨이 우드라고도 한다.

④ 클릭(cleek · No. 4 wood): ③번 ⑤번과 비슷한 용도이나 잘 사용되지 않는다. 비거리 대략 180야드.

⑤ 배피(baffy · No. 5 wood): 로프트가 가장 커 공을 띄워 치는 데 용이하다.

● 아이언(irons)

퍼터를 제외한 모든 쇠머리 채. 채 번호가 높아질수록 채 길이는 짧아지니 점점 볼에 가까이 다가서야 한다.

롱 아이언(long iron)

① 1 번 아이언 · 드라이빙 아이언(driving iron): 비거리 200야드.

② 2 번 아이언 · 미드 아이언(mid iron): 비거리 190야드.

③ 3 번 아이언 · 미드 매시이(mid mashie): 비거리 180야드.

미들 아이언(middle iron)

④ 4 번 아이언 · 매시이 아이언(mashie iron): 비거리 170야드.

⑤ 5 번 아이언 · 매시이(mashie): 비거리 160야드.

⑥ 6 번 아이언 · 스페이드 매시이(spade mashie): 비거리 150야드.

숏 아이언(short iron)

⑦ 7 번 아이언 · 매시이 닙릭(mashie niblick): 비거리 140야드.

⑧ 8 번 아이언 · 로프팅 아이언(lofting iron): 비거리 130야드.

⑨ 9 번 아이언 · 닙릭(niblick): 비거리 120야드.

웨지(wedge)

⑩ 10 번 아이언 · 피칭 웨지(pitching wedge): 그린 주위에서 숏 어프로치를 위한 피칭. 치핑용.

⑪ 샌드웨지(sand wedge) · 트랙 아이언(track iron): 벙커, 러프에서 볼을 꺼낼 때 사용.

⑫ 퍼터(putter)

우드 ①③⑤와 아이언 ②③④⑤⑥⑦⑧⑨⑩⑪⑫ 14개가 시합용 세트이고 우드①③④와 아이언 ③⑤⑦⑨⑫ 8개가 초보자용(beginner' s set) 세트이다.

샌드웨지(sand wedge)

샌드웨지의 유래

그린 가까이 갔으나 벙커로 떨어져 버리면 난감하게 된다. 1922년 US 오픈과 PGA, 다음 해에 PGA를 연승한 진 사라젠도 벙커에만 들어가면 그 안에서 헤매든가, 아예 그린 너머로 멀리멀리 홈런을 잘 쳐서 우승은 허사가 되었다. 특히 영국에 원정을 가서는 항상 참패를 당했다. 목마른 자가 우물 판다고, 진 사라젠이 바로 샌드웨지를 발명한 것이 1931년이다. 오리가 물에 내려앉는 것을 보다가 착안하였다. 채 머리를 둥글게, 페이스 앞면은 뒤로 누이고, 궁둥이는 두툼하게 다져서, 착륙시에 궁둥이부터 털썩 주저앉으면 모래는 폭탄 터지듯 위로 튀어 오르도록 했다.

우선 한 개를 만들어서 모래의 상태, 벙커로부터 그린까지의 높이 등을 고려하고, 채 머리, 페이스 앞면 개폐, 궁둥이 주저앉는 각도와 일어나는 힘, 모래 튀는 방향을 계산하고 연습에 연습을 거듭하였다. 1932년 이 비장의 무기를 갖고 브리티시오픈에 재도전해 어떤 벙커라도 1타에 1펏 권내로 붙여대니 그 위력이 여실히 증명되었다 시합 중에 그 채 좀 보자는

사람들이 나오거나, 룰 위반 시비가 제기되면 큰일이므로 사용한 다음에는 바로 꼭 헤드카버를 씌워 놓았다. 진 사라젠은 1932년 브리티시오픈 우승, US오픈 우승, 다음해 PGA 세 번째 우승, 1935년 매스터스에 우승함으로써 현대 4대시합, 즉 메이저스를 모두 우승한 그랜드슬램 첫 골퍼가 되었다. 그 대를 이은 것은 네 사람뿐이니, 벤 호건, 게리 플레이어, 잭 니클러스, 타이거 우즈다.

샌드웨지와 샌드위치

치치 로드리게즈는 푸에르토리코 출신으로 1960년 PGA투어 우승, 1985년 시니어(Senior) PGA우승을 했으며, 1987년 수입이 가장 많았다. 버디를 잡으면 모자를 벗어 구멍을 덮고, 펏이 들어가면 칼춤을 추었다.

"아직도 샌드웨지 말만 나오면 창피합니다. 한번은 캐디에게 샌드웨지를 달랬더니 어디로 없어져 버렸습니다. 10여분 후에 나타났는데 샌드위치를 사왔더군요."

치치 로드리게즈는 왜소한 체격이나 항상 인간미가 넘치는 품위를 지켰다. 웨스트포인트에서 최상의 프로들이 시범경기를 보여주고 있을 때 뚱뚱한 사관생도 하나가 무례한 질문을 던졌다. "헤이, 치치! 어떻게 다람쥐만한 당신이 골프의 수퍼 스타가 될 수 있었소?"

로드리게즈는 푸에르토리코의 사탕수수 밭에서 일하며 흙을 먹어야 할 만큼 가난하게 자란 사람이다. 그는 미소를 지은 후 되쏘았다.

"자네는 국회의원 덕에 웨스트포인트에 왔겠지만, 나는 홀로 자수성가해서 이곳에 온 사람이라네."

퍼터(putter)

퍼터는 조강지처

퍼터를 그린 밖에서 사용할 때는 텍사스 웨지(Texas wedge)라고 한다. 퍼터는 곧잘 조강지처와도 비교되는데 채를 새로 바꿔도 퍼터만은 계속 갖고 있는 것이 보통이다. 좋은 아내를 맞은 것은 인복이지만, 여러 여자와 좋은 관계를 유지하는 것은 인덕이라 한다.

'구멍은 많아도 퍼터는 하나다' 라는 소리도 있다.

US오픈 1965, 브리티시오픈 1968, 1974, PGA 1962, 1972, 매스터스 1961, 1974, 1978년 우승자 게리 플레이어는 1967년 이래 같은 퍼터를 사용하고 있다.

"마누라와 퍼터 둘 중에 하나만 고르라면?, 하는 수 없습니다. 마누라를 놓치는 수밖에요."

MGM의 골드윈

레이크사이드 컨트리클럽에서 밥 호프는 MGM 영화사 샘 골드윈과 골프를 쳤다. 골드윈이 2피트 거리의 펏을 놓치자, 퍼터를 나무 덤불 너머로 던져버렸다. 밥 호프는 골드윈이 안 보는 사이에 이 퍼터를 찾아 자기 골프백에 넣었다. 다음 홀에서 20피트 거리의 펏을 이 퍼터로 멋있게 넣었다. 골드윈이 감탄을 하더니 그 퍼터를 빌려 쳤다. 치고 나서 감이 좋다며 그 퍼터를 팔라 한다. 밥 호프가 50불을 받아 챙긴 실화가 있다.

클럽 선정(clubbing)

'무슨 채로 칠까?' 할 때 조언하는 것을 클러빙이라고 한다.

12+1+1=14

1936년 브리티시 아마추어에서 우승한 로린 리틀은 우드 5개, 아이언 17개, 퍼터 1개, 왼팔 아이언 1개 총 24개를 가지고 출전한 사람이다. 이 큰 백을 메고 따라다녀야 되었던 캐디가 시합 종료 즉시 격렬하게 항의하게 된 것이 계기가 되어 로열 앤 에인션트 클럽 오브 세인트 앤드류스(Royal and Ancient Club of Saint Andrews)와 US골프협회(US Golf Association)에서 공식 골프 룰로서 한 타스(12) 플러스 한 개, 즉 13개로 정하려다보니 13이 악운의 숫자가 되어 하나 더 플러스하여 14개로 규정짓게 되었다.

구관이 명관

프레디 맥리옷은 1976년 봄 작고할 때까지 메릴랜드주 체비 체이스의 컬럼비아 컨트리클럽 명예 프로로 군림하였다. 매년 매스터스 시합에서 첫선수로 티오프하고 나가는 영예도 누리는 프로였다. 그는 1908년 US 오픈에서 채 일곱 개로 우승을 차지하였다. 1938년에 채 개수는 14개로 한정되었으니 이보다 30년 전에 그 반으로 우승한 것이다.

"우리는 아이언 채의 능력을 충분히 활용하였습니다. 장거리 샷 때에는 채 페이스를 닫고, 단거리 샷 때에는 채 페이스를 열어서 쳤지요. 우리는 그 당시에는 기술로 쳤습니다. 승리하려면 정말 좋은 샷을 낼 줄 알아야 가능했습니다. 요즈음처럼 쳤다하면 들어가는 퍼터를 갖고 펏 잘해서 우승하는 것과는 성격이 다른 골프를 쳤던 것입니다."

채 3개로 파 4 잡아

US오픈 1988, 1989년을 연승하고, 3승 도전에는 실패한 커티스 스트레인지의 1980년도 선발시합 때 일어난 일이다. 파 4의 455야드 마지막 홀에서 파를 못하면 탈락이다. 티잉 그라운드 쪽을 향해서 좁은 다리를 건너가는데, 관객 한 명과 부딪힌 캐디와 골프백이 난간에 걸려 떨어지는 상황이었다. 우드 채부터 와르르 떨어지는데, 스트레인지가 급히 캐디를 부둥켜 잡았다. 아이언 2, 3, 5번과 천만다행으로 퍼터가 남았다. 2번 아이언으로 티샷을 완벽히 하고, 5번 아이언으로 그린에 올린 뒤, 퍼터로 투펏하여 참가 자격을 얻었다.

가방 크다고 공부 잘하나

비기너(beginner)이면 우선 100을 깨는 것이 목표다. 채를 풀 세트(full set)로 갖고 다니는 것보다 비기너 세트나 하프 세트(half set)만 사용해도 100은 깰 수 있다. 하프 세트만 갖고 다니는 프로는 물론, 채 한 개와 퍼터 하나만 갖고 다니는 사람은 실로 무서운 사람이다.

거리냐 샷이냐

많은 사람들이 오로지 핀까지의 거리만 보고 채를 뽑는다. 벤 호건은 거리보다 어떤 샷으로 칠 것인가에 따라 채를 골랐다. 볼 놓인 자리, 바람, 그린의 형상과 위치, 습도에 따라 달랐다. 하루는 함께 치던 프로 하나가 샷마다 무슨 채로 칠 것인가를 물었다. 150야드 지점에서 또 묻자, 벤 호건은 골프백에서 볼을 몽땅 꺼내더니 퍼터만 제외하고 모든 아이언 채를 하나하나 바꾸어 치면서 차례차례 그린에 올리는 것을 보여주었다.

"네" 하지 않은 죄

박정희 대통령이 미8군에서 골프를 칠 때 "5번으로 칠까?" 하는 물음에 "네"하지 않고 "4번으로 치세요"라고 말한 캐디가 하루 종일 오줌도 못 누고, 밥도 못 먹고 경호원의 시야에서 벗어날 수가 없었다. 앞에 여섯 팀, 뒤에 여섯 팀 사이에 끼어서, 게다가 박정희 대통령과 경호원 사이에 꼭 끼어서 다닌 것이다. 그늘집에서도 자유행동을 할 수 없었다. 감히 누구한테 "네" 하지 않은 것에 대한 죄와 벌이었다.

비 온 후에는 우드로

1983년도 US오픈은 펜실베니아 오우크먼트 C.C.에서 열렸다.

전년도 우승자는 톰 왓슨인데 그는 또 브리티시오픈 1975, 1977, 1980, 1982, 1983년 우승자였으며 매스터스 1977, 1981년 우승자이기도 했다.

US오픈은 오후 5시 30분 태풍으로 중단되었다. 다음날 오전 10시에 게임이 재개되었는데, 16번 홀에서 톰 왓슨은 아이언으로 쳤다. 1, 2등을 다투는 래리 넬슨은 PGA 챔피언 1981년 우승자였는데, 비가 막 개고 난 후의 젖은 땅을 고려하여 우드로 쳐서 톰 왓슨을 젖히고 우승으로 연결된 원 온(one on)에 성공하였다.

래리 넬슨은 1987년에도 PGA 챔피언에서 우승하였다.

골프볼

볼은 골퍼에게 고가의 소모품이다. 골프볼을 많이 갖고 있어도 골프볼을 선물 받으면 좋아한다. 1440~1848년의 400여 년 간은 소나 말가죽에 거위털을 채워 넣은 깃털 볼(feather ball)을 썼다. 숙련공이 하루에 4개

밖에 못 만드니 사치품이라고밖에 할 수 없는데, 그것도 라운드를 두 번 돌면 못 쓰게 되었다. 영국은 이런 것을 네덜란드에서 수입했는데, 제임스 I세는 국고가 흔들릴까 두려워 골프볼 수입금지령을 내렸다. 1848~1901년 사이에는 인도에서 짐을 운송할 때 상자 속 공간을 메우는데 쓰이던 열대 식물 수지로 만든 가타-퍼처(gutta-percha) 볼이 유행하였다. 비거리가 174야드의 기록이 남아있다. 1901년 오하이오주에서 자동차 타이어 만드는 코번 허스켈이 고무에 실은 감은 볼(rubber core ball)을 발명했는데, 비거리는 20야드가 늘어나 194야드가 되었다.

프로들이 좋아하는 볼 번호

1960년 초까지만 해도 볼 번호는 11번까지 있었는데 이제는 8번까지만 제작한다. 프로는 대개 1번이나 2번 볼만 쓴다. 3번 볼은 쓰리 펏 할까봐 피하고, 6번 볼은 파 3짜리 홀에서 트리플 보기를 할까봐 사용하기를 꺼린다. 벤 호건은 자기 볼이 제작되기 전에는 타이틀 리스트(Titleist) 4번, 샘 스닛은 0번 볼만 썼다.

볼 속도

요즘은 볼이 날아가는 속도는 초당 152m, 시간당 580㎞이니 자동차보다 세 배나 빠른 셈이다. 임팩트시 클럽 헤드 속도는 시속 180㎞, 볼이 튀어나가는 속도는 210㎞가 된다.

처음으로 고무볼이 나왔을 때 이상하게도 이 볼은 칠수록 더 잘나가는 것이다. 뜨거운 물에 넣고 불려서 흠집을 손질해서 없애고 나면 전만 같지 못했다. 그래서 '아, 볼에는 상처가 나야 멀리 가는구나' 를 느끼게 되었다. 그러니 현재의 딤플(dimple)은 일부러 미리 상처를 내놓은 것이나 마찬가지다. 상식적으로는 거칠거칠한 것보다는 매끄러운 것이 빨리 달린다. 그러나 구체는 유선형체와 다르다. 유선형은 측면의 저항을 줄이기 위해 매끄럽게 만드나, 구체는 매끄러우면 공기가 뒤로 돌아 충돌하며 소용돌이를 만들게 된다. 그러니 앞 얼굴은 저항을 뚫고 돌진하는데, 뒤통수는 머리채를 끌어당기는 격이 된다. 이렇게 공기가 뒤로 돌지 않고, 뒤로 당기는 힘을 둔화시키기 위해 딤플을 만든 것이다. 딤플은 추진력은 물론 부상력도 조장한다. 작은 구멍마다 공기가 들어가 있고 그 공기는 볼 하부보다 상부로 먼저 넘어 흐르기 때문에 뜨게 만든다. 볼 상자에 382, 혹은 384라는 숫자가 씌어 있는 것은 바로 이 딤플의 개수이다.

볼의 압축도와 크기

볼의 압축도로 볼 때 여성은 80소프트(soft), 보통 골퍼는 90미디엄(medium), 장타자, 강타자, 프로는 100하드(hard) 볼을 쓴다. 볼의 크기로 볼 때 영국 볼은 직경 1.62인치로 조금 작고, 미국 볼은 1.68인치인데, 1990년부터 조금 더 큰 미국 볼로 통일되었다.

미국골프협회(USGA)에서는 새로 개발되는 볼과 채를 시험하기 위해 로봇 시험기를 쓰는데 그 기계 이름은 강철 바이런(Iron Byron)이다. 바이런 넬슨처럼 거의 완전한 골프 스윙을 한다하여 붙인 별명이다.

골프볼은 말한다.

"야, 이 멍충아, 나를 위험물 앞으로 때리지 마. 딴 데가 아니라 그린 위로 올려. 그렇게 할 수 있겠다는 생각야? 야, 이 멍충아, 그런데 왜 창자가 다 나올 것처럼 헥헥거려?!" –데이비드 러브 Ⅲ세

로스트 볼

대통령 경호원 눈 30쌍을 피해서

미국의 제럴드 포드 대통령이 버지니아주 로커스트 그로브에서 프로, 아마 혼성시합에 나갔을 때 그린 약간 우측으로 어프로치 샷을 했는데, 끝내 볼을 못 찾고 말았다. 이것을 지켜본 워싱턴포스트 기자가 "포드가 약간 빗나간 샷을 했는데 30여 명의 대통령 경호원이 총동원되었어도 볼을 못 찾고 대통령을 벌타 2타로부터 보호하는 데 실패하였다." 는 기사를 썼다.

> TIP
> **장해물 혹은 비정상적인 코스 상태 안에 있는 볼을 찾는 경우**
> 그 볼을 찾을 때 볼을 움직인 경우에도 벌은 없으나 그 볼은 리플레이스 하지 않으면 안 된다. (2012. 1. 1. 개정)

까마귀 우는 곳

까마귀 노는 곳에 백로는 아니 가겠지만, 까마귀 많은 곳에 골퍼가 가보면 볼들이 많이 있다. 또 오후 늦게 골프를 치면 볼을 많이 주울 수도 있다. 아마도 지구 멸망 후 외계인이 와 보면 아스팔트 도로와 잃어버린 골프볼들만 발견하게 될지도 모른다.

"야, 그냥 나와"

어느 친구가 아주 재수 없는 날 골프를 쳤다. 모두들 "나이스 샷!"이라고 했는데, 벙커에 콱 박혀 버렸다. 다음에는 "나이스 온!" 이라고 했는데 그린을 가로질러 자동차 길 콘크리트 벽 밑에 가 붙었다. 다시 "핀 옆에 잘 붙였네!"라고들 했는데 펏을 세 번이나 하게 되었다.

다음 홀로 넘어가서는 러프에 들어간 볼을 아무리 찾아도 눈에 띄지 않는다. 모두들 기다리고는 있지, 로스트 볼은 5분 내에 찾아야 된다는 룰은 알지, 허둥거리고 있는데 평소부터 좋지 않게 보던 놈이 장날을 만났는지, "야, 그냥 나와!" 하고 약을 올리는 것이다. 채를 꺾어 버리든가 그냥 집으로 갈까 하는 생각이 머리를 스쳤으나 너무 분해서 그 친구에게 돌진하며, "그래 이 새끼야, 그냥 나왔다!" 하는 소리와 함께, 관우가 안량을 치듯 한방에 거꾸러뜨리고 말았다. 결국 살인미수로 1년 징역!

노 골퍼의 한탄

"이젠 볼을 잃어버려도 아깝지 않은데, 멀리 칠 수가 있어야지…."

진짜 로스트 볼

미국에서 여름방학 동안 캐디로 취직한 학생이 이웃 홀에서 날아온 강타에 가장 중요한 한가운데를 맞았다. 다행히도 생명에는 지장이 없었으나 오른쪽 고환을 싸고 있는 힘줄이 끊어지고 고환 자체가 완파되었다. 이 사실을 알게 된 골프클럽 멤버들과 골프 팬들이 진짜 로스트 볼에 대한 위로금으로 '골든 볼 기금' 을 모아 주었다. 박사학위를 받을 때까지 공부하고도 남을 돈은 생겼으나 외불알 신세를 면할 수는 없게 되었다.

프로도 예외 없어

매스터스에는 최상의 골퍼들만 초청되는 것이 전통인데 1989년도 중반기 아마추어 챔피언 제임스 테일러는 1990년도 매스터스에서 아놀드 파머와 함께 치게 되었다. 파 5인 13번 홀 독렉 레프트에서 드라이브샷을 하고 볼 떨어진 곳에 와 보니 볼은 감쪽같이 없어지고 말았다. 프로비저널(잠정구) 볼도 안치고 나왔기 때문에 다시 티로 돌아가 세 번째 샷을 하게 되었다. 다음 팀이 기다리며 구경하면서, "천천히 쳐!", "많이 쳐!"하는 놀림을 받아야했다.

본업에는 이상이 없는지

가수 자니 매티스가 영국 요크셔 무어 앨러튼에서 티샷을 날리는데 볼이 연거푸 네 번이나 로스트 볼이 되어버렸다. 다섯 번째 쳤는데 덤불속으로 들어갔으나 게임은 계속할 수 있었다. 훼어웨이로 쳐내고 한참 걷다가 큰소리로 노래를 시작한다.

사람들이 쳐다보니, "오, 하느님 감사합니다. 노래는 계속 부를 수 있도록 해주셨군요."

볼 찾기

볼 찾는 요령

미국에서 연간 20억 개의 골프볼이 제조되는데, 이 볼을 팔기 위해 프로도 볼 찾는 요령을 가르쳐 주지 않는다. 비싼 볼은 한 개에 5,000원 정도이다. 볼을 잃어버리지 않기 위해서는 볼이 들어간 지점, 즉 나무, 풀, 언덕, 숲에서부터 자취를 감춘 지점까지 지켜보고 또 계속 무슨 소리가 나는가 들어보아야 한다. 대개 어디로 갔다는 방향만으로 끝내지 말고 특별한 물체를 잡아놓아야 된다.

캐디보다는 플레이어가 더 잘 찾아야

볼 찾는 시간은 5분이다. 1974년도 브리티시오픈에서 우승 쟁탈을 눈앞에 둔 게리 플레이어가 17번 홀에서 깊은 러프에 때려 넣었다. 낙하지점까지 달려가 캐디에게서 시계를 받아들고 볼을 찾기 시작했는데 볼은 안 보이고 시계를 보니 이미 3분이 경과되었다. 침착했던 플레이어의 얼굴에는 초조한 기색이 역력했다. 이때 어느 구석에선가 번쩍하며 볼이, '여기에요, 여기!' 하며 불러주는 듯했다. 플레이어는 볼을 찾아 위기를 넘기고 우승했다. 볼 찾는 데는 캐디보다 플레이어가 더 잘해야 된다는 교훈이다.

어느 부호의 젊은 미모의 부인이 캐디에게 말했다. "얘, 얘. 볼은 내가 볼 테니, 너는 내 머리에 꽂은 다이아몬드 핀이 날아가나 잘 봐라!"

마지막 볼

골퍼: "너, 볼 잘 봐?"

캐디: "그럼요."

골퍼: "이게 마지막 볼이니까 남의 볼 좀 잘 찾아보라는 거야."

기미(gimme)

나 줘!

핀에서부터 볼까지의 거리가 퍼터 대 길이보다 짧은 경우, 보나마나 넣으리라는 확신하에 상대편의 퍼팅 생략을 인정해주고, 당사자는 이것 그냥 '나 줘!' 했다 해서 기브 미(give me)가 줄어 기미(gimme)가 되었다. 사교 골프에서 빈번하고, 특히 접대 골프에서는 가는 것이 길면 오는 것이 많으리라는 계산하에 핀과 볼의 기미 거리도 더 길어진다.

그거 기미야!

기미는 원래 매치플레이에서만 통하던 것이므로 상대방의 퍼팅 거리가 짧아서 넣을 것이 뻔하면 기왕에 진 홀 퍼팅 연습이라도 안 시키려는 작전이었다. 그러다가 그 작전이 스트록플레이 때도 허용되기 시작하였다.

심리전의 왕 월터 하겐은 US오픈 1914, 1919, 브리티시오픈 1922, 1924, 1928, 1929년, PGA 1921, 1924, 1925, 1926, 1927년 우승자인데 티샷 하기 전에 큰 소리로, "누가 준우승할까?" 라고 말해 놓고는 선두주자의 위치를 고수하기로 유명했다.

퍼팅의 왕이기도 한 월터 하겐이 캐나디안 오픈에서 리오 디젤과 불 뿜는 열전을 다투고 있었을 때이다. 마지막 홀에서 동타인데 20피트 떨어진 펏을 하기 전에 막 웃었다. 7피트 떨어져 있는 리오 디젤이 왜 웃느냐고 물어보았다.

"나는 넣고 너는 못 넣으면 너는 웃음꺼리가 될 생각을 하니 우습지 않겠냐?"

실제로 월터 하겐은 넣고 리오 디젤은 못 넣었다. 월터 하겐은 이미 이날 아침 몬트리올 호텔을 나서면서 초저녁이 되면 자기 방의 목욕탕에 샴페인을 가득 채워 놓으라고 부탁해 놓았었다.

1926년 PGA시합에서 하겐은 디젤의 4피트, 5피트짜리 펏을 "그거 기미야, 기미!" 하면서 여유를 베풀었다. 점점 경쟁이 치열해지고 결정적인 순간에서 디젤은 22인치의 펏을 두고 하겐을 올려 쳐다보았다. "아, 그거야 기미지!" 할 줄 알았는데 그는 등을 돌리고 딴 데를 쳐다본다.

"퍼팅 라인이 있긴 있을 텐데…" 하며 캐디에게 중얼거린 후 시도했으나 실패했다. 결국 심리전의 왕자 하겐이 3연승을 하게 되었다.

승리의 믿음

시합 전날 밤을 월터 하겐은 맨해턴의 술집에 나가 밤새도록 술을 마시고 돌아왔다. 그의 친구가 걱정이 되어 가장 중요한 결승 라운드 전날 밤에 푹 쉬지 않고 어떻게 승리를 기대할 수 있겠느냐고 힐책하였다.

"이것 보게. 리오 디젤은 어젯밤 열 시부터 잠자리에 들어갔다네."

월터 하겐은 개의치 않고 대답했다.

"잠자리에 들어갔는지는 몰라도 한숨도 못 잤을 거야. 문제없어. 내가 이길 테니 봐."

월터 하겐처럼 항상 자신감에 찬 프로도 찾아보기 힘들 것이다.

케네디 대통령의 기미 볼

주영 미국대사를 지낸 케네디 대통령의 부친은 전가족이 골프를 치도록 하여, 부인 로즈 케네디 여사는 80세가 넘도록 골프를 쳤다.

미국 대통령 중 골프를 잘 친 사람 중의 하나가 존 F. 케네디였다. 한번은 플로리다주 세미노울에서 클럽 회장과 골프를 치는데, 파 4의 1번 홀에서 드라이브를 잘 치고, 4번 아이언으로 그린에 올렸다. 그린에 올라가 보니 볼이 핀에서 3피트 정도밖에 안 떨어져 있어 '버디로 홀 아웃 하겠구나!' 하며 클럽 회장을 쳐다보아도 기미를 줄 듯한 눈치가 아니었다.

케네디 대통령: "아, 그래 이게 기미가 아니면, 세미노울에 기미가 있긴 있소?"

클럽 회장: "있지요. 그러나 벌써부터 있을 필요가 뭐 있겠습니까? 이제 막 시작했는데 연습 삼아 치시고, 그린 펏 라인도 보아두시고, 겸사겸사 좋은 일 아닙니까?"

케네디 대통령: "좋소. 그럼 내 볼 마크(mark) 할 테니 빨리 치십시오. 게임 끝내고 국세청에 시찰 갈 계획입니다."

클럽 회장: (급히 케네디의 볼을 집어주며) "아, 물론 기미지요. 그냥 기미 볼 연습하시라는 말씀이었습니다."

기미 잘 주는 그레험 목사

빌리 그레험 목사도 플로리다주 베로비치 골프장에 들러서 정기적으로 선교 집회의 여독을 푼다. 그런데 그레험 목사는 크리스찬의 너그러움 때문에 4피트 이내의 펏은 꼭 기미를 준다.

따라서 상대방도 첫 홀에서 2피트, 2번 홀에서 2.5피트, 3번 홀에서 3피트, 이렇게 계속 기미를 주지 않을 수 없다. 18번 홀 그린에서 그레험 목사는 20피트 펏을 6피트 거리로 보냈다. 그리고 상대방의 7피트 거리 펏을 기미를 주니, 상대방도 그레험 목사의 6피트 펏을 기미를 주고 말았다. 결국 20피트짜리 펏을 두 번에 넣은 셈이니, 그레험 목사는 거의 펏을 안 하고 골프를 치는 사람이 되었다. 따라서 그레험 목사에게 이기는 사람은 드물다.

남의 볼(wrong ball)

"모르는 사람한테 혼나셨다구요? 골프 코스에서 남의 볼 집으셨나요?" – 잭 레몬

자기 이름이 찍혔어도 소용없어

왈가닥 루시 드라마 제작자 제스 오펜하이머가 자기 이름이 찍힌 볼을 선물로 받고는 티샷을 했는데, 옆 홀 훼어웨이로 날아갔다.

볼을 찾으러 그 훼어웨이로 들어서 보니, 그쪽 팀 중의 한사람이 자기 볼을 치려고 한다.

오펜하이머: "어, 잠깐만요. 그거 내 볼 같은데요."

그 볼을 치려는 친구: "아니오. 이건 내 볼이오. 이미 확인했소."

오펜하이머: "다시 한 번 보시오. 그거 내 볼입니다."

그 볼을 치려는 친구: "허, 그것 참, 나는 항상 오펜하이머 볼만 칩니다."

오펜하이머: "…?"

베스트볼(best ball)

한 조나 한 편이 한 홀에서 플레이한 공 중 가장 이상적으로 친 볼의 위치에서 다음 샷을 하는 경기 방식이다. 베스트볼 매치는 한 사람이 2명이나 3명을 상대로 플레이하여 상대편 중에서 가장 성적이 좋은 스코어만을 갖고 승패를 겨루는 매치플레이를 말한다. 베터볼매치(better ball match)라고도 한다

화 잘 내는 타미 볼트가 짧은 펏을 놓치자 퍼터를 던져버리고 하늘을 우러러 보며 소리쳤다.

"하느님, 또 접니까? 이리 내려오십시오. 아예 아드님도 데리고 오십시오. 두 분의 베스트볼로 저와 시합하십시다."

위험한 볼 '훠!' ('Fore!')

슬라이스나 훅이 난 볼이 사람들이 있는 오른쪽이나 왼쪽으로 날아가거나, 앞 팀이 안전하게 멀리 가기도 전에 친 볼이 위험스럽게 날아가면, 모두 "훠!(Fore!)" 하고 외쳐야 된다. 이 소리가 들리면 머리를 보호하며 상체를 숙이고 앉아야 한다. 골프장에서 벼락도 맞아 죽는데 볼 맞는 일은 종종 있다.

원래 '훠' 라는 말은 영국군이 전투시에 쓰던 말이다. 포병이 포를 쏘기 바로 전에 앞에 전개한 보병에게 주의하라고 소리친 'Beware before!' 가 약음화한 것이다.

'훠어!' 하고 소리친 놈 여섯 번 치고서 타수는 다섯이라 한다.

'f' 발음을 잘해야지, 'h' 발음으로 외치면, 호어(whore)가 된다. 볼 날아간 쪽에 여성 골퍼라도 있었다면, "야, 갈보야!" 하고 모욕하는 소리로 들릴 수가 있기 때문이다.

볼에 맞고 횡재?

등산간 사람이 길을 잘못 들어 내려와 보니 골프 코스다. 갑자기 볼이 날아와 머리에 명중했다. 맞고 비틀비틀하다 정신을 차려보니 그 볼을 친 사람이 멀리서 나타난다. 화가 난 이 등산객, "나 당신을 고소해야겠소. 500만불쯤 생각하고 있소" 라고 소리쳤다. 그 볼을 친 사람이 "정신 나간 소리 마시오. 내가 '훠!' 하고 소리칠 때는 뭘 했소?"

볼 맞은 사람은 5백만에서 4백만으로 깎아서 제의하는 것으로 착각하고는 "그럼 고소 안 하고 그냥 400만불로 받겠소."

카트(cart)

골프채를 얹어 놓고 끄는 손수레를 카트, 핸드 카트(hand cart), 풀 카트(pull cart), 위일드 카트(wheeled cart)라 한다. 빌려서 스스로 끌면 빌린 값(rent)은 내지만, 캐디피(caddie fee)와 팁은 절약된다. 캐디처럼 수고료를 요구하거나, 비웃을 줄도 모르는 것이 장점이나 조언을 주지 못하는 것이 흠이다.

자동차로는 카(car), 골프 카(golf car), 골프모빌(golfmobile), 링쓰모빌(links mobile), 개솔린 카트(gasoline cart), 혹은 개스 카트(gas cart), 일렉트릭 카트(electric cart), 혹은 배터리 카트(battery cart)라 한다.

점수 관리를 위해서는 직접 운전 안 하는 것이 좋으나 의도적으로 난폭하게 운전하는 사람에게 걸리면 오히려 더 불리하다.

캐디는 멸종 위기

골프 카트 한 대에 5백만원인데 한 번 빌릴 때마다 30,000원이니 한 계절만에 카트 값을 다 빼버린다. 어느 골프클럽에서는 골프를 치려면 꼭 골프 카트를 빌려 타야지 그냥 걸어 나가지 못하게 한다.

심장 강화 훈련으로 걸어야만 된다는 의사의 처방 진단서를 가진 사람만이 카트를 안 타고 걸어나갈 수 있을 것이다.

치고 또 치면
못 칠 리 없건만

GOLFHUMOR

V

선 자세(stance)

스탠스를 보면 대략 핸디를 알아볼 수 있다. 프로는 발의 위치가 항상 같아서 구질도 일정하다. 아마추어는 설 때마다 발의 간격과 방향이 다르니 볼의 방향도 제멋대로다. 테이크 백(take back)이나 활로우 스루(follow-through) 전에 서는 자세부터 완벽하게 배워야 한다.

① 스퀘어 스탠스(square stance): 어드레스(address)시 두 발 앞부리를 일직횡선에 두고 목표선과 평행이 되도록 선 자세.

② 오픈 스탠스(open stance): 어드레스 시 왼발을 뒤로 뺀 슬라이스용 자세. 볼이 왼쪽으로부터 오른쪽 방향으로 감.

③ 클로즈드 스탠스(closed stance): 어드레스 시 오른발을 뒤로 뺀 자세. 슬라이스 예방용.

그립(grip)

채 잘못 쥐고 올바른 스윙할 수 없다.

V

양쪽 손 엄지와 검지가 채를 쥘 때 이루는 삼각형. 이 두 개의 삼각형은 턱과 오른편 어깨 사이 밑을 향해야 한다.

오버래핑 그립(overlapping grip · Vardon grip)

왼쪽 엄지와 집게손가락은 채를 V형으로 잡고, 오른손이 감아쥐고 새끼손가락은 왼쪽 집게손가락 위를 덮도록 한다.

브리티시오픈 1896, 1898, 1903, 1911, 1914년 우승자 해리 바든이 시작해서 골퍼의 90%가 이렇게 쥔다. 중요한 것은 손바닥으로 쥐는 것이 아니고 왼손 끝 세 손가락으로 쥐는 것이다.

인터록킹 그립(interlocking grip)

왼손 바닥에 채 손잡이를 놓고 엄지손가락으로 채 위를 누른다. 오른손 바닥은 왼손이 쥐고 있는 채 밑 부분을 쥐고 오른쪽 새끼손가락이 왼쪽 집게손가락 밑으로 들어가서 깍지를 낀다. 잭 니클러스가 이렇게 쥔다.

텐 휭거 그립(ten-finger grip) · 베이스볼 홀드(baseball hold) · 텐 휭거 베이스볼 그립(ten-finger baseball grip)

오버래핑 그립과 인터록킹 그립이 여덟 손가락으로 쥔다면 이 경우는 야구 방망이 잡듯 양손을 가지런히 열 손가락을 모두 써서 쥐는 것이다.

어드레스(address)

어드레스란 볼을 치기 위한 위치, 자세, 준비를 말한다.

> TIP
> **볼에 어드레스**
> 플레이어가 스탠스를 취했거나 취하지 않았거나에 상관없이 단지 클럽을 볼 바로 앞이나 볼 바로 뒤의 땅에 댔을 때를 말한다. 다만 해저드 안에서 볼에 어드레스하는 것은 규정하지 않는다. (2012. 1. 1. 개정)

야구와 골프는 어떻게 다른가? 야구는 날아 들어오는 볼을 때리는 것이고 골프는 얌전히 앉아있는 볼을 때리기 때문에 야구가 어렵고 골프는 쉬울 것 같으나 그렇지가 않다. 야구는 우선 두 팔을 젖히고 있다가 한 번만 앞으로 뻗어 주면 되고, 또 두 손이 위 아래로 가지런히 있어 스윙 시 폭발력을 발휘한다. 그리고 헛스윙을 해도 두 번의 기회를 더 준다. 그러나 골프는 쳤으면 무조건 한 스트록이며, 두 손이 한 손 역할을 해야 되기 때문에 유연성을 이루어야 되고, 양쪽 팔을 뒤로 뺐다가 앞으로 내쳐야 되는 두 동작이 필요하니 골프가 더 어려운 것이 아닐까.

- 클로즈드(closed): 채 면(페이스)이 목표의 왼쪽을 보도록 한 것.
- 후드(hood): 어드레스 시 채 쥔 양손의 위치를 볼의 앞이나 왼쪽 상부에 두어 볼이 뜨는 것을 줄이는 것.
- 왜글(waggle): 스윙 준비시 볼을 때릴 것처럼 클럽 헤드를 흔들며 겨냥해 보는 것.

스윙(swing)

골프 스윙은 본능적일 수가 없고 극히 부자연스러운 동작이기 때문에 어려운 문제가 있다. 목표물인 골프공은 눈 높이에 있는 것이 아니라 자기 키만큼 낮은 발 앞에 있다. 그렇다고 티를 자기 키만큼 높은 것으로 쓸 수도 없다. 이러한 고충은 펏을 할 때도 나타난다. 퍼터로 잘 치면 200야드는 날아갈지 몰라도 그린 위에서는 6피트짜리 펏을 왔다갔다하다 세 번이나 쳐야 되는 수가 나온다. 멀리 치려는 목표에서 짧게 치는 것으로 어느새 바뀌어 버린 것이다. 여하튼 스윙만은 레슨비 들여서 프로에게 배워야 된다.

백 사람이면 백 가지 스윙

“야, 거 스윙 멋있어. 스윙 참 좋네!” 레슨비 많이 낸 사람들이 듣는 소리다. 한편 독학이나 고학으로 골프를 배운 사람 중에는 원투로 똑딱이 볼을 치는 사람이 있는가 하면, 뒤로 빼나보다 했는데 벌써 치며 하나에 끝낸 사람, 도끼질하는 사람, 이를 악물고 치는 골프볼과 원수진 사람, 우뚝 서서 깃발 드는 사람, 자치기하는 사람, 심지어는 오각형을 그리는 사람까지 있어서 백 명이면 백 가지 스윙을 보게 된다.

‘테이크 어웨이(take-away)가 좀 빨라’, ‘활로우 스루가 없구먼’ 소리를 듣는 사람도 부지기수다. 그러나 스코어에는 초일류, 내기에는 강한 사람이 있다. 선 자세나 그립이 나쁘면 좋은 스윙이 나올 수 없지만, 스윙이 나빠도 잘 칠 수는 있으니 비관할 필요는 없다.

타이밍은 딩·동·댕

스윙에서 가장 중요한 것은 스무드한 타이밍(timing)이다. 야구 코치나 선수들은 평소 몸에 익힌 이 타이밍과 힘이 있어 골프를 잘 친다. 적당한 리듬을 골라 스윙하는데, 딩, 동, 댕! 을 예로 들면, 딩에서 테이크 어웨이, 동에서 톱(top)과 카킹(cocking), 댕에서 내려치는 것이다. ‘하나, 둘, 셋’ 혹은 자기 이름 석 자를 마음속으로 부르며 스윙의 타이밍과 리듬을 맞출 수도 있다.

작곡가도 골프 리듬이 없어

섬머타임의 작곡가 조지 거쉬인은 골프를 잘 쳤다.

한번은 생소한 마이애미비치에서 치는데 첫 홀 9타, 두 번째 홀을 8타로 너무나 스코어가 좋지 않았다.

“내가 무엇을 잘못하고 있어서 이지경인가?” 하고 중얼거리자, 이를 들은 캐디가 말해준다. “선생님은 리듬이 없습니다. 리듬을 모르시는 것 같습니다."

'기적의 벤 호건'

벤 호건은 스윙 연습을 강철 같은 의지와 결심으로 철저히 하여 머릿속에 그 스윙 동작이 기록되어 있어서, '자동적인 스윙, 완전한 스윙'이란 소리를 들었다.

고속도로에서 안개 속에 그레이하운드 버스와 충돌사고로 엉치뼈, 어깨, 갈비, 발목이 부러지고 겨우 생명을 건졌다. 불구자가 되리라, 걷지 못하리라, 골프도 못 치리라, 골프 시합에 나간다는 것은 상상도 못 하리라 했는데 1년도 안 되어 다시 우승하기 시작해서 '기적의 벤 호건' 혹은 '항상 똑바로 치는 벤 호건'이라는 별명을 얻은 것이다.

테이크 백에서 휘니시까지

우선 두 발로 잘 버티고 서서 겨냥하고(어드레스) 치는 동작, 즉 프랙티스 스윙(practice swing)을 해 본다. 이때에 채 머리가 볼 바로 뒤를 때리는가를 보아 앞뒤 양 옆으로 선 위치를 조절한다. 채를 올릴 때 왼팔을 쭉

뻗어 어깨가 턱 밑에 들어오고, 오른팔은 중국집 배달부식으로 접어 받쳐 몸무게는 오른발로 이동하고, 상체는 말 타고 앞으로 구부린 듯하다가 비튼다. 양 팔목을 뒤로 꺾어 카킹하면 클럽은 어깨너머로 누우려고 든다. 테이크 백 완성, 일단정지, 계속 볼을 내려다보며, 허리를 축으로 틀면서 피보트(pivot), 궁둥이를 돌린다. 왼손과 왼팔이 클럽을 끌어내리는 다운스윙(downswing)을 시작한다. 이때 두 무릎이 왼쪽으로 기울며 오른팔은 부드럽게 딸려 흘러내려오고 몸무게도 왼발로 이동한다.

클럽 헤드가 볼을 때리는, 즉 임팩트(impact)와 동시에 양 팔목은 뒤집히며(un cock), 이번에는 오른팔이 쭉 뻗어 채와 볼의 방향과 각도를 제시, 왼팔이 접히며 중국집 배달부 역할을 한다. 오른쪽 어깨는 턱 밑으로 들어간다. 임팩트부터 휘니시(finish)까지가 따라 들어갔다는 뜻으로 활로우 스루(follow-throgh), 즉 채 머리가 볼을 때린 순간부터 앞으로 뿌리쳐졌다가 왼쪽 어깨로 훌러덩 넘어오는 동작 끝까지를 말한다. 이때면 왼발은 계속 땅에 박혀 있으려 하고, 오른발 발끝은 땅과 작별하기 직전, 골퍼는 볼이 자기 목표 지점으로 날아가는 것을 확인한다.

스윙은 큰 원을 그리는 동작

스윙은 채를 들고 원을 그리는 동작이다. 채가 다운스윙 때에 그 원형을 벗어나면 볼을 찍거나(hack down), 머리를 때리거나(topped), 경쾌하게 나가는 대신 질식하게 만들거나(smothered), 간신히 쪼르르 굴러가다(dribble) 멈춘다. 이렇게 잘못 친 샷은 실패작이라 하여 플럽(flud), 푸즐(foozle), 칠리 딥(chilly dip), 플러프드 샷(flopped shot), 미스 샷(miss shot) 등 표현이 많다. 반대로 충만한 원을 그리고 내려와 임팩트한 경우에는 볼은 비명을 지르듯 낮게 튀어나가 높이 솟아올라 공중에 포물선을 한동안 그리다가 지면으로 떨어지는 것이다.

여자는 끌어안고 골프는 뿌려치고

간단히 이야기해서 스윙은 몸으로 하고 볼은 손으로 때린다. 볼을 맞히는 것이지 볼을 밀어내려거나 떠올리려 들지 말아야 한다. 멀리 보내기 위해서는 고래 같은 힘이 필요한 것이 아니라 가볍고 일정한 스윙이 필요한 것이다.

장작은 두 손으로 패지만 골프볼은 왼손으로 맞히고 오른손으로 때리는 것이니 두 팔 힘을 동시에 쓰면 안 된다. 즉 힘이 들어가면 안 된다. 그래서 여성 골퍼는 화장이 옷에 묻어있는 사람이 잘 치는 사람이다. 남성의 경우 여자는 끌어안고, 골프는 뿌려치고, 채는 칭칭 몸에 휘감으라는 말이 있다.

그냥 쳐라!

골프 치는 것이 마냥 재미있고 좋아야지, 잘 쳐야만 된다고 생각하면 잘 못 치게 된다. 골프를 담당하는 인간의 뇌는 이렇게 쳐야만 되고, 그렇게 치면 안 되고, 스윙 걱정하고 할 능력이 없다. 숨까지 안 쉬며 정신통일하려 들지 말고 그저 무념상태로 쳐야 한다. 어떻게 쳤는지 모르면 잘 쳤고, 잘 쳤으면 어떻게 쳤는지 생각도 나지 않는 법이다. 그래서 골프 치는 도중에는 이래라, 저래라 하지 않고, 다 치고 난 후에 한잔 하며, 이러는 것 같아, 저러는 것 같아 하는 것이다.

1967년도 PGA 챔피언 단 재뉴어리는 "티 위에 볼 올려놓고 그냥 쳐. 걸어가서 볼 발견하면 또 치는 거야!" 라는 말을 했다.

빨리 치는 사람

딩 · 동 · 댕이고 리듬이고, 연습스윙이고 어드레스고, 쓸데없는 소리 하지 말고 빨리 치라는 사람이 있다. 실제로 이런 사람들은 연습스윙을 두 번 이상 하는 사람, 칠 자세로 서서 무릎을 움찔움찔 굽혔다, 폈다하고, 엉덩이까지 흔들며 시간을 끄는 사람을 보면 발길로 차버리고 싶어질 것이다.

빨리 치는 덩컨

1920년도 브리티시오픈 챔피언 조지 덩컨은 '빨리 치는 덩컨' 이란 별명을 가졌는데, 볼을 보고 달려와 그 뒤에 선 그 자세 그대로 쳤다. 그는 "나는 겁쟁이입니다. 함께 치는 사람 생각해서가 아니고, 빨리 침으로써 공포나 망설임이 파고들 틈을 안 주기 위해서입니다" 라고 하였다.

치고 달리는 진 사라젠

제일 빨리 치는 사람은 진 사라젠으로 거의 치자마자 뛰는 사람이다. 3피트짜리 펏을 몇 분간이나 연구하는 사람은 다른 선수들에게 방해가 되며, 갤러리(gallery)의 흥도 잡쳐놓는다고 했다. 시간 끌기로 유명한 벤 호건, 캐리 미들코프, 잭 니클러스를 맹렬히 비판, 비난했다. 특히 펏을 넣으면 주먹을 불끈 쥐는 사람, 칼춤을 추는 사람, 엉덩이 흔드는 사람들의 꼴을 못보았다. 자기는 볼 뒤에서 한번 보고 넣든 못 넣든 퉁 치고, 끝나면 볼 꺼내서 다음 티로 직행하였다. 1947년도 매스터스에서 조지 파시오와 18홀을 1시간 57분에 끝내서 최단시간 경기 공동기록을 세웠다.

캐디 잘 만나면 잘 쳐

채가 뒤로 올라가는가 하면 벌써 쳐버린 사람이 캐디를 잘 만나서 성공한 예가 있다. 이 캐디는 이 사람이 치기 직전마다 "빨리 치기만 하면 이 골프백 놓고 그냥 들어가 버릴 겁니다!" 하고 협박을 하여 힘 빼고, 곱게 잘 치고, 활로우 스루도 일품이 되었다.

대머리 링컨 대통령

아이젠하워 대통령도 메릴랜드주 특수층 골프장인 버어닝 컨트리에서 자주 골프를 치며 대통령 집무의 스트레스와 고충을 풀었다. 하루는 볼이 영 맞지를 않는데, 안 맞을수록 스윙이 빨라졌다. 나이가 좀 든 흑인 캐디가 조언을 해준답시고, "어, 대머리, 천천히 쳐요, 천천히!" 하였다. 아이젠하워 대통령은 점점 더 못 치게 되었다. 그럴수록 캐디는, "아니, 대머리, 천천히 치라니까요"를 연발하는 것이 아닌가. 더 이상 두고 볼 수 없어 같이 치던 사람 하나가 캐디에게 잠깐 보자고 눈짓을 했다.

"이것 보시오. 당신이 자꾸만 말 걸고 있는 분이 바로 우리나라 대통령이시오. 대통령께 좀 정중하게 대할 수는 없소?"

깜짝 놀란 캐디가 참으로 죄송했다. 마침 좋은 샷이 나오자 급하게 말씀을 올렸다.

"그렇죠. 바로 그렇게 치는 것입니다. 링컨 대통령님!"

앞에서 막고 뒤에서 밀며

"이 세상에서 가장 늦게 치는 자식들이 앞 팀에서 막고, 가장 빨리 치는 놈들이 뒤 팀에서 몰아대는 것 같은 게임이 골프다."

거리

티샷을 하기 전에 이 홀은 파가 몇인가? 즉 거리가 얼마나 되는가가 제일 궁금하다. 특히 숏 홀에서는 그린이 빤히 보이니까 무슨 채를 써야 그린에 올릴 수 있는가를 계산해야 한다. 거리와 파를 알려주는 표지판이 있는데 그린의 홀컵 구멍을 매일 딴 곳으로 옮겨 놓고 티 마커의 위치도 변경 된다. 따라서 거리 표지판에 명기된 거리는 티 마커로부터 핀까지의 거리가 아니라, 항상 변동이 없는 두 곳 사이의 거리, 즉 거리 표지판부터 그린의 중앙까지이다.

과연 거리가 그토록 중요한가? 거리를 보고 치는 사람과 코스 구조를 보고 치는 사람 두 종류가 있다. 프로들은 앞에 보이는 코스 구조상 적절한 샷을 낼 수 있는 채를 골라 치는 사람들이다.

바람

프로들은 풀을 뜯어서 날리며 어떻게 떨어지는가를 본다. 풍속과 풍향을 보는 것이다. 맞바람(역풍)이 불어오면 골프볼은 머리가 밀려 헤드윈드(headwind)가 되므로 바람을 뚫고 멀리 가게 하기 위해서는 볼을 낮게 쳐야 한다. 뒷바람(순풍)이 밀어주면 골프볼이 꼬리가 간지러운 테일윈드(tailwind)가 되므로 볼을 좀 띄우는 것이 좋다. 맞바람, 뒷바람에 옆바람까지도 계산해서 핀의 왼쪽으로 또는 오른쪽으로 보내는 것도 가산해야 된다.

맞바람 시 낮게 치는 것을 펀치 샷(punch shot)이라고 한다. 어드레스 시 채를 쥔 손의 위치가 볼 위치보다 앞, 즉 왼편에 가 있어야 하며, 풀 스윙(full swing)보다 단축 스윙(abbreviated swing)이 좋다.

TIP

바람에 공이 움직여도 무벌타

어드레스를 한 뒤 바람에 공이 움직이더라도 벌타를 받지 않는다. 플레이어가 공이 움직인 원인이 되는 행동을 하지 않았다면 어드레스 상황에서 공이 움직여도 벌타를 받지 않으며, 공이 움직여 서 있는 그 위치에서 그대로 플레이한다. (2012. 1. 1. 개정)

지금까지는 어드레스 이후에 공이 움직이면 무조건 플레이어가 움직인 것으로 간주, 1 벌타를 받았으나 억울함을 호소하는 플레이어가 많았다.

최근 가장 불운했던 선수는 2011년 미국프로골프(PGA) 투어 상금왕 경쟁에서 2위로 밀려난 미국의 웹 심슨(Webb Simpsom)이다. 2008년 PGA에 입회 후 그는 바람에 공이 저절로 움직여 벌타를 받는 불운을 세 번이나 겪었다. 특히 2011년 5월 취리히클래식에서도 대회 막판 이 같은 벌타를 받아 준우승에 그쳤다. 만약 심슨이 당시 1벌타를 받지 않고 우승했다면 영국의 루크 도널드를 제치고 상금왕을 차지할 수도 있었다.

헤드업(head-up)

볼만 보아라

가장 많이, 그리고 치명적인 잘못으로 지적되는 것으로 눈은 항상 볼만 봐야 되는데 머리를 드는 것과, 백스윙을 할 때에 왼팔을 쭉 펴야 되는데 굽히는 것이다. 그러나 엄격히 말하면 헤드업을 했기 때문에 잘못 친 것이 아니고, 머리를 들기 전에 이미 잘못 친 것이다. 파이프 담배를 피우는 사람 중에 파이프를 물고 치는 사람이 종종 있다. 파이프가 날아가지 않도록 물고 아래를 보는 그 자세를 유지함으로써 머리 드는 것을 방지하려는 수단인 것이다.

머리 드는 문제는 걱정 없어

초보자가 18홀을 돌고 나서 계산을 해보니 270타가 나왔다. "내가 이래서야 어떻게 머리를 들고 다닐 수 있을까?" 하며 한탄했다. 이 말을 들은 캐디가 위로했다.

"그 점이라면 걱정하실 필요가 없습니다. 하루 종일 머리를 잘 드시던데요, 뭘!"

슬라이스(slice)

밖에서 안으로 친 샷이다. 볼을 훑어 쳤으니 옆으로 맞은 볼은 시계 방향으로 회전하여 오른쪽으로 곡선을 이루게 되는데 우익의 매파인 '레이건 샷' 이란 별명이 있다. 모양으로 보면 바나나 샷(banana shot)이다. 페이드(fade)란 말은 의도적으로 완만하게 오른쪽으로 휘도록 친 샷을 말한다.

생크(shank)

클럽 헤드 꼭대기와 채 끝이 만나는 곳에 맞아 대부분 오른쪽으로 빗나가는 측면 샷으로 래터럴 샷(lateral shot)이라고도 한다.

훅(hook)

클럽 헤드로 볼의 바깥쪽을 때렸기 때문에 볼은 시계 반대 방향으로 회전, 왼쪽으로 날아가는 커브 볼을 말한다.

드로우(draw): 페이드와 반대로 의도적으로 완만하게 왼쪽으로 휘도록 친 샷.

덕 훅(duck hook): 급강하하며 오른쪽에서 왼쪽으로 급커브하는 샷.

훅 내는 사람

골프를 지독히도 좋아하는 부잣집 외아들이 미모의 여성을 만나 사귀다가 청혼하면서 사랑을 고백했다.

"나에게는 악습이 있습니다. 토요일, 일요일에는 꼭 골프를 쳐야 하니

당신과 함께 있을 수가 없어요. 그 점은 이해하여 주실 수 있겠습니까?"

"아니, 그런 것 가지고 뭘 그러세요? 이해하구 말구요. 저는(hooker)였는데요, 뭐…."

창녀라는 뜻의 후커를 훅을 잘 내는 사람으로 들은 청년이 말했다.

"아, 그럼 같이 골프 치면 되겠네요. 내가 훅 안 내는 방법을 가르쳐 드리겠습니다."

아이언 샷(iron shot)

초보자라도 드라이버로 티 위에 올려놓은 볼은 맞힐 수 있고, 또 퍼팅도 곧잘 할 수도 있으나 아이언 샷은 이야기가 달라진다. 우드 채처럼 볼을 때리는 것이 아니라 볼 밑 부분을 때려야 되기 때문이다. 볼 밑 부분을 내려쳐서 볼 밑 풀흙덩어리도 한줌이 툭툭 떨어져 15내지 20피트씩 볼 뒤를 따라 앞으로 나가야 잘 치는 골퍼다. 이때 떨어져 나간 풀흙덩어리를 디벗(divot) 혹은 터어프(turf)라 한다. 이 떨어져 나간 풀 흙덩이를 주워다가 제자리에 잘 메워 주는 것을 리플레이스(replace) 혹은 리페어(repair)라고 한다. 그린피(green fee)란 바로 이렇게 풀밭을 훼손시켜 놓은 것에 대한 변상금도 포함되는 것이다.

- 스카프(scuff): 뒤땅을 친 것.
- 푸쉬(push): 똑바로는 갔으나 원하는 곳보다 오른쪽으로 친 것.
- 풀(pull): 똑바로는 갔으나 원하는 곳보다 왼쪽으로 친 것.
- 스컬(skull): 헛방 칠 뻔하여 겨우 볼의 윗부분을 때린 것으로 톱(top)도 마찬가지, 즉 볼의 상체를 친 것이다. 멀리 보내려 했을 때는 떽떼

굴, 조금 보내려 했을 때는 멀리 튀는 땅볼이다. 볼 입장에서 보면 머리를 맞았으니 뜨지 못하고 로우 샷(low shot)이 될 수밖에 없다.

축 늘어진 나뭇가지 앞에서 볼을 치게 된 친구에게, "너 땅볼로 낮게 띄워 칠 줄 알어?" 하고 물었다.

"아, 그것 하나는 내가 잘 쳐. 일부러 대가리를 때리면 돼."

언덕에서 치는 힐리 샷(hilly shot)

- 언덕에서 위로 칠 때는 업힐(uphill): 볼은 왼발 쪽에 두고, 백스윙 시 채 머리를 지면으로부터 높이 쳐들지 말고 낮게 끌어 목표 지점보다 오른쪽을 겨냥한다.
- 언덕에서 아래로 칠 때는 다운힐(downhill): 볼은 오른발 쪽에 두고 채를 지면으로 낮게 끌어 치고, 임팩트 후에도 채 머리는 지면을 따라 내려가도록 한다. 원하는 목표 지점보다 왼쪽을 겨냥한다.

트러블 슈팅(trouble shooting)

잘못 쳤을 때 문제 지역에서 빠져나오는 요령은 세 가지.

첫째, 마음을 가다듬고 욕심을 조절해야 한다. 진정하라는 소리다. 하느님이나 조상 원망 말고, 용기 있게 자기의 책임감을 다하겠다는 자기와의 약속을 하는 것이다.

둘째, 기적을 바라지 않는다. 문제 지역에서 빠져나오기만 하면 되는 것이다. 아놀드 파머는 버디를 통상 하기 때문에 버디 잡고 좋아하는 적이 없다. 그 대신에 잘못 쳐 문제 지역으로 치고도 잘 탈출해 파를 잡으면 기적같이 잘 친 것처럼 좋아했다.

셋째, 문제 지역에서는 정말 볼만 쳐다보아야 한다. 문제 지역에서 잘 나가나 보려고 서두르다 볼의 머리를 때려서 더욱 큰 문제 지역으로 쳐 넣는 경우가 많기 때문이다.

어프로치(approach)

크게 보면 드라이브샷과 첫 번 펏 사이의 모든 샷을 말하는데 엄격히 말하면 그린 부근에서 홀컵 핀에 붙이려는 샷이다.

- 블라인드 홀(blind hole): 어프로치 샷할 때 그린이 보이지 않는 홀.

피칭(pitching)

그린에 가까워졌다.

피칭 웨지를 빼들고 핀 보고, 발 보고, 볼 보고, 연습스윙하며, 그리고 힘이 들어가면 안 되지 하는 다짐을 해야 된다. 볼 중간 아래를 내려쳐서 띄워 보내 핀 뒤에 사뿐히 떨어졌다가 백스핀(backspin)이 걸려 뒤로 굴러 오든가, 아니면 핀 앞에 떨어져 통통 튀다가 떼구루루 구멍을 찾아가게 하는 것이 목표다. 세게 때려서 그린 너머로 한없이 가면 러프, 볼의 윗부분을 때려서 그린을 가로질러 힘차게 나가게 되면 뒤편 벙커로 들어가기 십상이다. 가볍게 볼 밑을 내려쳐서 부드럽게 포물선을 그리도록 띄워 치는 것이 피칭이다.

- 피치 샷(pitch shot): 각도가 높은 채로 쳐서 볼이 그린 위에 떨어지면 급정지하도록 치는 것.
- 컷 샷(cut shot): 볼이 오른쪽으로 돌아 급정지하도록 하는 우회전 샷.

- 훼더 샷(feather shot): 왼쪽에서 오른편으로 완만히 굽으며, 의도적으로 높이 올려쳐서 떨어진 자리에 그대로 정지하는 볼.
- 백스핀(backspin): 역회전 볼로 땅에 떨어지면 급정지하거나 뒤로 굴러온다. 물고 늘어지듯 정지하는 바이트(bite)와 같다.

치핑(chipping)

그린 근처에서 낮게 쳐올리는 칩샷(chip shot). 즉 그린 주변에 떨어지면 튀어서 컵으로 굴러가도록 치는 샷.

퍼팅할 필요 없어요.

1984, 1995년도 매스터스 우승자 벤 크렌쇼는 텍사스 오스틴 출생으로 운동, 특히 야구를 잘했다. 아홉 살에 오스틴 컨트리클럽의 프로 하비 페닉의 제자가 되었다. 하비 페닉은 《조그만 빨간 책》이란 베스트셀러를 내었고, 미국에서 가장 훌륭한 골프 코치로 꼽힌다. 페닉은 벤을 데리고 나가 볼 하나를 떨어뜨려 주고 그린 위로 쳐 보라고 하였다. 벤이 안전하게 올렸다.

"아, 잘했어. 이제 그린으로 가서 퍼팅을 해보자."

아홉 살짜리 제자는 "아니, 페닉 선생님, 저 깃대 꽂힌 구멍에 넣는 것이라면 왜 여기서 단번에 넣으라고 안 하셨어요?" 하고는 볼을 하나 떨어뜨리더니 쳐서 컵 안에 넣었다.

2011년 75회째를 맞은 '꿈의 무대' 매스터스가 열리는 오거스타 내셔널 골프클럽에서는 특이한 일이 벌어졌다. 개막을 앞두고 드라이빙 레인지에서 흑인 캐디에게 사인을 받으려는 갤러리가 줄을 이었다. 바로 퍼팅의 달인 벤 크렌쇼의 캐디 칼 잭슨인데, 매스터스에 캐디로만 50번째 출전했다. 열한 살 때인 1958년부터 오거스타 내셔널골프장에서 캐디 일을 시작하여 1961년 처음으로 매스터스대회의 캐디를 맡았다. 잭슨은 1970년 남아공 출신의 게리 플레이어의 백을 멘 이후 1976년부터는 크렌쇼의 백을 35년째 메고 있다.

잭슨은 "매스터스는 내 인생 그 자체입니다. 크렌쇼만 좋다면 언제까지나 그와 함께 하고 싶습니다."고 말했다.

"나는 벤 크렌쇼가 열두 살 때부터 스무 살 때까지 한 번도 그가 퍼팅에 실패한 것을 보지 못했다." –톰 카이트

사람이 제 아니 치고 골프만 어렵다 하더라

GOLFHUMOR

VI

잘 못치는 사람(duffer)

나쁜 샷을 잘 치는 사람은 덥(dub), 더퍼(duffer), 또는 해커(hacker)라고 한다. 타수로는 140~150 타로 매홀마다 2~3 타씩 접어 줘야 되는 사람인데 누가 2~3 타씩 접어주려고 할까?

가망성이 전혀 없는 사람에게 골프 프로가 해준 조언: "한 2주 동안 집에서 쉬다가 아예 골프를 끊어버리시오."

캐디(caddie)

원래는 사관학교 생도(cadet)처럼 청소년을 뜻한 말이다. 스코틀랜드의 메리 여왕의 골프채를 들고 따라다닌 청년이 캐디의 시조이다. 골프백 메

주고, 클럽 골라주고, 각 홀마다의 특성, 위험, 실수하지 않도록 코치해주는 사람인데 미국에서는 어린 소년들, 영국은 노장들, 일본은 나이 많은 여성, 한국은 젊은 여성이 많다.

골프는 초보자에게 화가 나는 것을 참고 치는 법을 가르친다. 또한 캐디에게는 초보자를 참고 견디는 법을 가르친다.

캐디는 공범자

골프백 운반하랴, 달라는 채 꺼내주랴, 볼 봐주랴, 잔디밭 메워주랴, 그린에서 볼 마크해주고 닦아주고, 깃대 뽑아주랴…. 모든 것을 돈 벌기 위해서 하고 있는 것이다. 프로들 중에는 캐디 출신도 꽤 있다. 캐디는 골퍼의 실력을 금방 파악하고, 골퍼가 어떻게 하리라는 미래의 일까지 안다. 그러니 캐디 말을 잘 들어야 하며 캐디를 잘 도와주고 또 친구가 되어야 한다. 곧 골프 범죄 파트너가 될 것이니까.

볼 못 찾았다 하면 그 볼은 이미 캐디 주머니 속에 들어가 있다.

첫 홀 끝내고 2번 홀로 이동하며

골퍼: "몇 번 쳤어?"

캐디: "몇 번 치셨는지 모르겠는데요."

골퍼: "아니 무슨 놈의 캐디가 몇 번 쳤는지 계산도 못하냐?"

캐디: "선생님은 캐디 갖고는 안 돼요. 회계사를 데리고 돌아야 계산이 될 겁니다."

골퍼: "한번만 더 웃으면 이 채로 네 머리통을 칠 테야."

캐디: "하기야 내 대갈통이 볼 대가리보다는 크죠."

(하루종일 형편없이 친) 골퍼: "나는 일찍이 나쁜 샷과 실수 샷이 어떤 것인가를 배워 두려고…."

캐디: "그 이상 배울 것도 없는 것 같은데요."

골퍼: "내가 하늘과 땅을 움직여서라도 100을 깨야지."

캐디: "그럼 하늘을 움직여 보세요. 오늘 땅은 충분히 움직이셨으니까요."

골퍼: "너는 이 세상에서 제일 실력 없는 캐디일 것이다."

캐디: "아닐걸요. 이 세상에서 제일 실력 없는 골퍼와 제일 실력 없는 캐디가 맺어지기 쉽겠어요?"

골프채 몽땅 팁으로

처음으로 18홀을 돈 영화배우 지미 듀란테가 여러 홀에서 기미(오케이) 펏도 받고 했는데도 200 타를 넘었다. 머리 얹는 날인데 잘 친 것으로 만족스러웠다. 물론 캐디가 고생을 많이 했기 때문에 친구에게 물어보았다.

"야, 캐디한테 무얼 줄까?"

마침 캐디가 이를 듣고는 말했다.

"그 골프채 백까지 그냥 놓고 가시죠."

캐디와 골퍼는 공동체

프로와 캐디는 '우리' 라는 공동의식으로 하나의 팀을 이룬다. 골프 장비에서 자부심까지 모든 것이 '우리 것' 이 되어서, 프로가 치고 있는 것이 아니라 '우리' 가 치고 있는 것으로 생각한다.

아놀드 파머에게는 마크 맥커믹이란 재정 대리인이 있어서 쉽게 백만장자가 되는 덕을 보았다. 이 사람도 아놀드 파머가 시합에 나가면 바로 뒤에 따라붙는데 한번은 우드로 치라고 했다가 아이언으로 치라는 캐디와 싸움이 붙었다. 아놀드 파머는 맥커믹은 쳐다보지도 않고 두말 않고 캐디 말대로 아이언으로 쳤다.

2011 플레이어스 챔피언십 등 통산 PAG 8회 우승을 달성한 최경주는 2011년 5월, 8년간 자신의 골프백을 메 주었던 앤디 프로저가 59세라는 고령의 나이를 이유로 그만두게 되자, "앤디는 제게 아내이자 형님 같은 분이었습니다. 경기장에서는 늘 웃음을 줬고 그렇게 우리는 8년의 세월을 함께 보냈습니다. 그동안 우리가 해왔던 많은 일들은 머릿속에 영원히 기억될 것입니다." 라며 눈물을 뚝뚝 흘리며 앤디를 끌어안았다. 서로 한참을 끌어안고 있던 앤디의 눈에서도 하염없이 눈물이 흘렀다.

반면, '골프황제' 타이거 우즈의 캐디로 12년 동안 메이저 대회를 13회나 제패한 캐디 스티브 윌리암. 그는 타이거의 결별 통보에 급기야는 타이거의 인종까지 들먹이며 비난을 퍼부었다.

캐디에게 잘 보여라

캐디에게 쌀쌀맞게 굴던 친구가 그린을 쳐다보며 "몇 번으로 칠까?" 하고 캐디에게 물었다.

"글쎄요. 두 달 전 프레드 커플즈가 바로 여기서 쳤는데 6번으로 치던데요."

그 친구 6번으로 치니까 좀 짧았다.

"좀 짧네!"

다시 캐디가 말했다.

"프레드 커플즈도 좀 짧았어요."

10불 바쳐야 될 거리

세계 헤비급 권투 챔피언 조 루이스가 권투계를 은퇴하고 골프 프로로 전향했다. 당시만 해도 흑인들은 PGA에는 참전할 수 없으므로 흑인 프로 시합에만 나갔다. 한번은 친구와 돈내기 골프에서 18번 홀의 그린을 쳐다보며 캐디에게 물었다.

"거리가 얼마나 멀까?"

캐디가 대답했다.

"챔피언님은 보기 할 만큼 멀고, 또 10불 바쳐야 될 거리에 있습니다."

단풍나무 숲속의 골프백

전 미하원 의장 토마스 P. 팁 오닐은 하버드대학교 시절에 바비 존스의 캐디 역할을 한 경험이 있다. 바비 존스는 US아마추어 1924~1928, 1930년에 우승, US오픈 1923, 1926, 1929, 1930년 우승자이다. 팁 오닐은 캐디로 나선 지 얼마 되지도 않아서 해고당할 뻔하였다. 가을철인데 담당한 골퍼의 티샷이 단풍나무 숲으로 들어갔다. 골프백이 갈색인 것에 신경을 안 쓰고 그냥 나무에 걸어놓고 볼을 찾기 시작한 것이다. 볼을 찾고 보니 이제는 골프백이 안 보인다. 어쩔 수 없이 오늘은 골프채를 찾지 못하면 변상해 드리겠다고 약속하는 수밖에 없었다. 그 골퍼는 골프채만 잃어버리고 그냥 돌아갔다. 수주일 후 나뭇잎이 다 떨어진 후 친구들을 대거 동원하여 대수색작전을 벌여서 결국 골프백을 찾아 반환하였다. 만일 못 찾았다면 골프채 값 마련하느라고 공부는커녕 하원의장은 생각도 못했을 것이다.

캐디와 블라인드 홀

미국인으로 브리티시 아마추어를 두 번 제패한 프랭크 스추라너핸은 영국 캐디들과 싸우고 갈아치우기로 유명했다. 1954년 뮤어필드에서 그린이 언덕 너머에 있어서 안 보이는 블라인드 홀을 만났다. 스추라너핸은 캐디를 먼저 보내서 자기와 그린을 연결할 수 있는 언덕 위에 서라고 시켰다.

캐디는 언덕 위로 가서 뒤로는 그린, 앞으로는 스추라너핸을 쳐다보며 조심스럽게 자리를 골라 섰다. 스추라너핸은 즉시 캐디 머리 위로 직선타를 보냈다. 언덕 위에 와 보니, 자기 볼은 그린과는 동떨어진 엉뚱한 방향에 있는 덤불속에 깊숙이 들어가 있다.

"아니, 이게 웬일이야! 나를 망쳐 놓으려는 거요?"

캐디가 대답했다.

"나는 내가 선 방향으로 치면 안 된다고 자리잡고 신호하려는데, 당신이 그냥 급히 치지 않았소? 자, 스추라너핸 씨, 당신이 그토록 잘났으면 저 덤불 속에서 나오는 것 좀 봅시다" 하고는 골프백을 발밑에 놓아주고 클럽하우스로 돌아가 버렸다.

채는 캐디 마음

바비 크루익싱크는 1923년도 US오픈에서 바비 존스에게 지고 준우승,

1932년에는 진 사라젠에게 패하고 준우승했다.

브리티시오픈에 나갔을 때 제비뽑기에서 70세 노인 캐디와 짝이 맺어졌다. 제1홀 드라이브샷에 이어, 다시 장타를 치기 위해 아이언 2번을 달라고 하니까 70세 노령의 캐디가 말했다.

"이것 보시오. 당신은 치기만 하시오. 채는 내가 고를 테니까."

몇 홀 뒤 훼어웨이에서 3번 우드를 꺼내주어서 받아 스윙하는 딱 중간에,

"어, 잠깐, 나 마음 바꾸었소. 아이언 채로 바꿔야겠소."

함구령

화 잘 내는 타미 볼트가 한번은 자기 캐디에게 절대로 말 한마디도 하지 말라고 명령했다. 드라이브샷이 나무 뒤로 떨어졌다.

그곳에 이르러, "아이언 5번으로 치는 게 어떨까?" 물었으나 캐디는 명령대로 묵묵부답이었다. 아이언 5번으로 잘 쳐서 그린 위에 올렸다.

"자, 어때? 잘 쳤지? 이제 말해도 괜찮아. 말해봐."

캐디는 골프 가방 걸머지고 훼어웨이로 나가며 말했다.

"지금 그 볼, 당신 볼이 아니었어요."

언젠가는

"내가 채만 잘 내던지는 줄 알아요? 언젠가는 캐디도 내던져 버릴 것이요." –타미 볼트

같은 채라도 세게(hard, fat) 혹은 약하게(soft, thin)

1965년도 PGA챔피언 데이브 마아가 브리티시오픈에 나가 파 4홀에서 그린 위에 올릴 어프로치 샷을 몇 번으로 칠까 물으니, 캐디가 6번으로 치라고 한다.

"6번으로 세게요, 약하게요?" 하고 다시 물었다.

"세게도 아니고, 약하게도 아니고 6번 채 진가대로 쳐요."

칠면조는 알아

버지니아 주 서부 고산지대의 아름다운 골프장에서 일어난 일이다. 파 3의 그린을 티잉 그라운드에서 바라보니 야생 칠면조 한 쌍이 그린 위에 서 있다. 골퍼들이 놀라 그린에 웬 야생 칠면조가 있느냐고 캐디에게 물었다.

캐디: "저놈들이 위험스런 것을 눈치채는 데는 귀신인데, 아무도 그린에 올릴 것 같지 않으니까 잠시 그곳에 가 있나 봅니다."

명 캐디 다니엘즈

진 사라젠이 US오픈을 휩쓸고 1928년도 브리티시오픈에 참가하였으나, 험난한 코스로 유명한 로열 세인트 조오지스에서 같은 미국인 월터 하겐에게 2타 차로 패배했다. 미국인으로서 브리티시오픈 최초 우승의 영광을 빼앗긴 것이다. 진 사라젠은 영국의 명 캐디 스킵 다니엘즈의 말을 꼭 한번 안 들은 것이 패배의 원인임을 잘 아고 후회 막급했다. 헤어질 때 다니엘즈는 "내 생전에 꼭 당신을 한번 우승시키겠다" 하고 약속했다.

4년 후 브리티시오픈에 사라젠이 또 출전하여 프린시스 코스에서 다니엘즈와 다시 손을 잡았다. 다니엘즈는 이미 70세의 노구를 이끌고 시력도 나쁘고, 병중인데도 필사적으로 사라젠을 코치했다. 사라젠 또한 다니엘즈를 대스승으로 모시고 완전한 신뢰감 속에 그의 지시대로 쳐서 대망의 타이틀을 획득하였다. 시상식 때 사라젠은 승리의 절반은 다니엘즈 몫이라고 동석을 요청했으나 전례가 없고 룰에 위배된다고 거부당하였다. 사라젠은 우승자의 상징인 녹색 상의를 받자 그대로 다니엘즈에게 가져가 입혀 주었다. 다니엘즈는 약속을 지킨 지 두 달 후 조용히 눈을 감았다.

시간제 캐디피

캐디피가 시간제인 골프장이 있다. 미터제 택시를 탄 기분일 것이다. 슬로우 플레이어(slow player)가 없어지고 부지런히들 치므로 더 많은 골프 조가 들어서고, 쑥쑥 빠지고, 골프장 수입은 쭉쭉 올라갈 것이다.

66 대 77

나와 캐디.

내가 66 타 치면 "우리"가 66 쳤다하고, 77 타 치면 "저 멍청이가 77 쳤다하고…." – 리 트레비노

티(tee)

제1타 지역은 티잉 에리어(teeing area), 티잉 그라운드(teeing ground)라고 한다.

매홀 제1타를 치는 것은 티오프(tee off)라고 하는데, 티에 올라앉은 볼을 주인공으로 보면 티 업(tee up)이 된다.

제1타 지역 표시물은 티 마커즈(tee markers)이다. 마커가 놓여있는 사이 혹은 뒤쪽으로 채 길이 하나 이내에서 쳐야지, 조금이라도 앞으로 나

TIP

출발 시간

플레이어는 위원회가 정한 시간에 출발하지 않으면 안 된다. 플레이어가 자신의 출발 시간 후 5분 이내에 플레이할 수 있는 상태로 출발 지점에 도착하면 매치 플레이에서는 1번 홀의 패, 스트로크 플레이에서는 1번 홀에서 2벌타로 한다. 그렇지 않은 경우 본 규칙 위반에 대한 벌은 경기실격이다. 단 플레이어가 예외적인 상황으로 정각에 출발하는 것에 방해를 받았다고 위원회가 결정한 경우에는 벌이 없다. (2012. 1. 1. 개정)

가 치면 안 된다. 대개 여성용은 앞 쪽에 빨간색, 남성용은 가운데 부근에 흰색, 선수용은 뒤쪽에 파란색이다.

한국의 고 이병철 삼성그룹 회장과 미국의 샘 월튼

볼은 나무못 티(tee) 혹은 티 펙(tee peg) 위에 올려놓는다.

각 홀마다 제1타 지역에는 보통 모래 통이 있다. 드라이버나 특히 아이언이 잔디를 파내기 때문에 그 모래로 메워 놓지만, 실제로 모래의 유래는 좀 더 오래다.

티는 원래 스코틀랜드 말 'teay' 로서 조그만 모래더미를 뜻한다. 즉 모래를 땅에 조금 부어 볼록하게 만들어 놓고 그 위에 볼을 놓고 치는 데 사용되었다. 1920년대에 보스턴의 한 치과의사가 모래를 손으로 옮기는 것이 번거로워 나무 티를 고안하여 그 특허를 재빨리 내어 백만장자가 되었다.

미국에서 제일 거부로 작고한 샘 월튼은 비행기에서 내리며 5전짜리 동전이 떨어진 것을 주웠다는데, 고 이병철 회장도 티가 떨어져 있으면 주웠다.

볼은 아홉 방향으로 날아간다

티 업 하려는 플레이어에게는 치기 편한 분위기를 조성해주는 것이 중요한 매너이다. 동시에 자신의 안전도 생각해야 한다.

휘두르는 채에 맞지 않도록 멀리 떨어져 있어야 하는 것은 물론 볼이 날아갈 것도 계산해야 된다. 볼의 방향은 아홉 가지다.

아주 왼쪽, 왼쪽, 조금 왼쪽, 한가운데 왼쪽, 한가운데, 한가운데 오른쪽, 조금 오른쪽, 오른쪽, 아주 오른쪽, 여하튼 전방 180° 는 위험지역으로 보고, 치는 사람의 허리 뒤쪽에서 멀리 떨어져 있는 것이 상책이다.

티의 방향과 볼의 방향

프로가 티샷하면 티가 뒤로 튀는 것을 종종 본다. 티는 곧잘 뒤로 튀는데 볼은 앞으로가 아니라 옆으로, 그것도 곤란한 옆으로 깊숙이 가는 경우도 있다. 볼이 앞으로 박차고 나가니 티는 뒤로 튄 것이다. 어퍼 블로였다면 앞으로 날아갔을 것이다. 지면의 굳기, 잔디 상태, 티의 각도 등 여러가지의 종합적인 물리, 역학 관계가 있다. 티샷이 좋았느냐, 나빴느냐는 볼이 목표 지점으로 잘 갔는가로 보면 되지, 티가 어디로 튀느냐로 왈가왈부할 필요는 없다.

일본의 프로는 OB말뚝이 흰색이라 하여 흰색 티를 쓰지 않는데 미국의 프로들은 상관하지 않고 흰색 티를 많이 쓴다.

헛방(whiff)

지렁이 피난처

180° 아홉 방향 다 놓아두고 헛방, 위프를 쳐대니 흙만 퍼져나간다.

무안해진 골퍼: "아이구, 이 지역 지렁이들 지진이 난 줄 알고 혼비백산 했겠네."

캐디: "아닐걸요. 티 부근에 있는 지렁이들은 머리 좋고 경험이 많아서 모르긴 해도 지금쯤은 모두 안전한 그 볼 밑으로 숨었을 겁니다."

해발 2인치 차이

처음 간 골프장에서 티 꽂아 볼 올려놓고, 채 머리 흔들어 보고, 궁둥이 흔들어 중심잡고 내려쳤는데 지상 대기권은 잘 갈라 놓았으나 볼은 놓치고 헛방이다. 친구들은 못 본 척 조용하다. 이 친구 한동안 볼을 노려보고는 하는 말, "야, 여기는 내가 다니는 골프장보다 해발 2인치쯤 낮구나!"

드디어 날아갔는데

여성 초보자가 열 번을 헛방치고 열한 번째 드디어 튀어나갔다.

여성 골퍼: "아이구 맙소사. 드디어 날아갔네!"

캐디: "볼이 아녜요. 손목시계예요."

진보가 있네.

여성 골퍼: "야, 너 점점 잘 친다. 이번에는 볼이 좀 흔들렸어."

멀리건과 샤삐로(Mulligan · Shapiro)

멀리건은 성질 급하고, 중앙 세 방향은 제외하고 양쪽 여섯 방향으로만 치던 아일랜드 사람 이름이다. 형편없는 첫 스윙을 했을 때, 가까운 사이에 없던 일로 하고 다시 치도록 두 번째 기회를 주는 것이나 규칙에는 없다. 또 쳐봐야 똑같은 볼이 나올 확률이 크다. 유태인으로도 비슷한 사람이 있었는데 그 이름은 샤삐로(Shapiro)였다.

공중 볼(flub)

100야드는 올라가고 100야드 내려와서는 코앞에 떨어진 볼을 프럽이라고 한다.

"에이, 앞으로 좀 나가지, 제기랄!"

골프의 명예를 훼손하는 볼이다.

비행기는 무사했을까?

플로리다주에서 앤토니란 사람이 3번 홀에서 공중 볼을 쳐 인근 비행장에 착륙중인 경비행기를 맞히고, 볼은 러프 속으로 떨어졌다.

비행기는 무사했다.

비행기 추락사건

애리조나주 라이트 씨는 16번 홀에서 자기가 생각해도 기록적인 공중 볼을 쳤는데, 동시에 비행기 한 대가 검은 연기를 내뿜으며 코스 안으로 추락하였다. 다행히도 다른 이유로 추락하였으나 그 놀란 가슴 때문에 골프는 계속 쳤지만 골프장에서 비행기만 보이면 일체의 동작을 중지한다.

장타자(long hitter)

장타자는 스코어도 많이 내

호쾌한 드라이브샷이야말로 프로의 진면목이요, 골프 치는 참맛이라 하나, 롱 히터 치고 스코어 좋은 사람 드물다. 역시 기본 이상의 드라이브는 쇼라는 말이 성립되는 것이다. 미국에서 평균 드라이브 거리 250m를 날리고, 300m 이상도 종종 보내는 프로가 상금 랭킹은 155위, 드라이브 정확도는 160위, 훼어웨이 키핑률은 6할이 못된다.

350 클럽

미국에 '350 클럽' 이 있다. 350야드 이상 날려야만 가입할 수 있다. 드라이브샷 쇼 흥행으로 돈 벌어 라스베가스 대 저택에들 산다. 9번 채로

180m를 날리는데, 이들 중 프로가 된 사람은 지금까지 단 하나뿐이다.

장타자는 니옵(NIOP): 지성은 없고 힘만 있는 타자(No Intelligence Only Power).

숲 속은 장타자 대환영

미국 제일의 골프 선생 하비 페닉은 여성 PGA, 여성 오픈의 우승자 캐시 윗워스, 샌드라 팔머와 PGA, 매스터스 챔피언 톰 카이트, 벤 크렌쇼를 길러냈다. 하루는 벤 크렌쇼가 장타자를 보고 부러워하자 하비 페닉이 말했다.

"부러워할 것 하나도 없어. 저 나무들을 보게나. 골프 코스의 나무들은 장타자를 대환영하지. 나무 숲 속에는 항상 장타자들이 모여 회의를 하고 있다네."

훼어웨이는 길고 좁다

덜 나가도 좋으니 정확하게 쳐서 다음 샷 하기가 좋은 곳으로 보내야 한다.

훼어웨이에서만 칠 수 있다면 얼마나 행운인가. 티샷이 50야드 덜 가더라도 훼어웨이에 떨어지는 것이 좋지, 조금 더 보내겠다고 힘으로 쳤다가 볼이 비명을 지르며 러프 속으로 들어가 숨든가, 나무숲에서 영원히 행방불명이 된다면 골퍼는 볼과 성격상의 차이로 이혼하는 것이나 마찬가지다.

우선 볼만 맞혀라. 그러면 볼은 '고맙소' 하며 스스로 잘 날아간다. 장타는 어리석은 자들에게 맡기고 자신부터 컨트롤하면 클럽은 저절로 컨트롤할 수 있게 된다.

이러한 충고를 받고도 벤 크렌쇼는 퍼팅은 누구보다도 기가막혔으나 드라이브샷을 훼어웨이로 치는 데는 어려움을 겪었다. 리 트레비노가 벤 크렌쇼에게 한 말이 있다.

"너는 나무 숲속으로 들어가 볼 찾느라고 시간을 다 보내니 나처럼 얼굴과 팔이 햇볕에 그을리기는 틀린 것 같다."

힘 빼는 데 빠르면 3년

보통 10년이 걸린다고 한다.

스윙을 크게, 있는 힘을 다하여 치니 나무에 맞고 튀어서 방향을 틀은 뒤 바윗돌에 부딪치고 그린 위에 올라가서 굴러 구멍으로부터 3인치 떨어진 곳에 섰다.

"에잇! 조금만 더 세게 쳤으면 홀인원 하는 건데."

홀인원(hole-in-one)

에이스(ace), 즉 홀인원이다.

훼어웨이 한가운데로 바람을 가르며 로켓 포탄처럼 씽씽 날아가는 드라이브샷, 롱 펏을 했는데 볼은 아는 집 찾아가듯 천연스레 굴러굴러 홀컵에 붙고, 홀컵은 자석이 쇠붙이 끌어들이듯이 빨아들이는 것을 보면 이것이 신기가 아니면 무엇이랴 자탄, 아니 자찬하게 된다.

그런데 티샷이 그대로 그린에 올라붙고, 공은 홀컵 찾아 굴러 쏘옥 들어가 홀인원이 된다면, 티샷과 롱 펏이 동시에 연결되는 천하일미 아니겠는가? 여포가 유비, 관우, 장비 데리고 150보 진문밖에 내다 걸은 화극의 잔가지를 활을 쏘아 맞혔을 때의 심경, 관우가 적토마 타고 안량과 문추를 차례로 베어 버렸을 때의 심경과 같지 않겠는가!

'내 그 세상 살지 않았으니 망정이지, 여포나 관우에 미치지 못할 바 뭐 있겠는가!' 하는 환상에 잡히는 것이다.

미러클 샷

파 3, 숏 홀을 1타로 넣으면 홀인원.

파 5, 롱 홀을 2타로 넣으면 더블 이글(double eagle), 혹은 앨버트로스(albatross)이다.

파 4, 미들 홀을 1타로 넣으면 역시 홀인원이라기보다 기적의 미러클 샷이라고 할 수 있다. 1965년 로버트 미테라는 사람이 이름도 미러클 힐즈 컨트리클럽 파 4, 10번 홀에서 446야드를 1타에 넣었다. 뒷바람이 세게 받쳐주고 방향도 좋았지만, 역시 기적 같은 미러클 샷이랄 수밖에 없다.

죄악의 계곡

1942년 영국의 어느 프로가 한 라운드에 55타라는 기록을 세웠다. 한 홀당 평균 3타 이므로 줄줄이 버디, 이글을 한 것이다.

1922년 웨일즈의 왕세자는 영국 왕 조지 Ⅵ 세로 등극할 사람으로 엘리자베스 여왕의 부왕이다. 그랜드호텔 바에서 몇 잔 한 뒤, 안개를 헤치고 로열 앤 세인트 앤드류스 골프 코스에 도착했다. 명예 프로 앤드류 커캘디가 1번 티에 볼을 놓아 올렸다.

"안개 때문에 참 힘들겠는데."

"볼만 쳐다보십시오."

한 마디씩 나누고 치는데 볼은 2번 홀 쪽으로 가는 것이 아니고 왼쪽으로 직행, 18번 홀 그린 앞에 떨어졌다.

그곳 이름은 '죄악의 계곡' 인데 커캘디가 뒤를 따르며 말했다. "그냥 18번 홀로 계속 치고 끝내십시오. 첫 홀부터 18번 홀까지의 우리 코스 기록이 나옵니다."

그 누가 믿어주랴

홀인원은 일생에 한 번도 어렵다. 1970년 에딘버그 인쇄소 사장이자 골프 책도 쓴 로버트 클락이 친구 셋과 치는데 마지막 홀에 갔을 때는 이미 어둑어둑하였다. 그 18번 홀의 승패에 따라 그날 시합이 결정되는데, 클락의 볼을 찾을 수가 없었다. 넷이서 티잉 그라운드부터 그린까지 샅샅이 찾다가 너무 어두워져 포기하고 로스트 볼로 처리하고 경기를 끝낼 수밖에 없었다. 클락은 다음날 새벽 다시 가서 찾는 중에 무심코 컵 안을 들여다보니 자기 볼은 그곳에 들어가 조용히 잠자고 있지 않은가! 그러나 그 누가 믿어주랴.

홀인원은 2,000: 1 ?

1940년 해리 간더는 146m 짜리 홀에서 16시간 25분 동안 볼 1,817개를 쳤다. 공식 증인이 2명, 캐디 수 명이 동원되어 볼 놓아주고, 그린 위에 떨어진 볼을 치워주었다. 50타를 치는 데 15분 소요, 86번째 볼이 핀으로부터 15인치. 941번째 치고 점심식사, 996번째에 핀 맞고 3인치, 밤 8시 10분 1,162번째 치고 손에 물집이 생겼다. 1,700번째 치니 손은 욱신거리고 칠 때마다 통증이 팔꿈치로 치솟았다.

1,750번째 볼이 컵에 들어가다가 튀어나왔다. 1,756번째 똑같이 들어가다가 나와 15인치, 새벽 2시 40분 1,817번째 샷이 핀으로부터 10피트 떨어져 포기하고 말았다. 이래서 2,000번 치면 들어가지 않을까 하여 한 홀로만 계속 치는 경우 홀인원은 2,000: 1의 확률이란 말이 나온 것이다.

1951년 요하네스버그에서 골프 프로 49명이 133m 홀에서 볼을 세 개씩 쳤는데, 147타 중 니어리스트(nearest)는 10.5인치였다. 같은 해 뉴욕에서 홀인원 기록자 1,400명이 모여 3개 골프장에 나뉘어 숏 홀을 골라 일주일간 시합에 한 사람이 다섯 번씩 치기를 하였다.

7,000타 중 홀인원은 없고 니어리스트가 3.5인치였다.

홀인원에 악의 숫자는 없다

1968년 아이젠하워 대통령은 쎄븐 레익스 컨트리클럽 13번 홀에서 처음으로 에이스를 했다. 당시 77세이니 더블 럭키쎄븐으로 13이 재수 없는 숫자가 아니라는 것이 증명되었다. 같은 해 3월 8일 웨스트버지니아주 마틴스빌 웃부라이어 클럽에서 나이 갓 6년 1개월 7일짜리 타미 무어라는 소년이 132m, 4번 홀에서 에이스를 했다. 4자도 재수 없는 것이 아니라는 것도 증명된 것이다. 이 소년은 7세가 되기 전에 또 홀인원을 했다.

홀인원 볼 수장

US오픈 1988, 1989년 챔피언 커티스 스트레인지가 1988년 매스터스 대회 때 9번 홀에서 펏을 4번이나 하여 극심한 위기에 빠졌다. 10번 홀의 핀은 그린 오른쪽에 꽂혀 있었다. 같이 치는 잭 니클러스가 절대로 핀 쪽으로 치지 말라고 코치했다. 커티스 스트레인지는 그린 중앙을 향해 완연하게 밀어치니 홀인원이 되었다. 1934년에 시작한 매스터스 역사상 10번 홀의 에이스는 세 번째였다. 커티스 스트레인지는 그린에 가서 볼을 꺼내어 그 앞에 도도히 흐르고 있는 레이즈의 냇물에 던져 버렸다. 갤러리는 환호했으나 보도진에서는 '골프 박물관에 기증했어야 했다, 손자에게 유산으로 남겨주었어야 했다' 라는 말들이 분분했다.

반갑지 않은 홀인원

동남아에서는 특히 돈이 왕이다. 하기야 돈 많으면 최신 제품의 클럽과 볼로 쳐서 스코어를 향상시킬 수 있겠으니 골프에도 간접적으로는 돈이 왕이기도 하다. 동남아에서는 캐디들이 팁을 강요한다. OB난 볼도 가 보면 세이프(safe)에 들어와 있는데, "나중에 생각해 준다"는 식의 말은 안 통한다. 당장에 팁으로 해결하라는 것이다. 언덕 위 그린으로 쳐올리는 숏 홀에서는 걸어올라가 보면 틀림없이 홀인원이다. 홀인원 축하금을 내야만 한다.

홀인원 보험

상당수의 미국 골프클럽에서는 홀인원 보험을 팔고 있다. 홀인원 한 사람이 그 즐거움을 나누기 위해 바에서 술을 사게 될 경우 타 쓰는 보험이다. 그러니 상상은 자유인데 홀인원 상상은 무료가 아닌 것이다.

홀인원 지출비?

홀인원 명예대금이 일본의 경우 가장 적게 쓴 돈이 3,000엔, 가장 호탕하게 쓴 돈이 150만엔으로 평균 25만엔이다. 기념품대 평균이 15만엔으로 97명에게 기념품을 돌렸다. 두 사람 중에 하나는 간단한 파티를 열어 15만엔을 쓰고, 세 사람 중에 하나는 3만엔 짜리기념식수를 심었다. 친구들의 축하금으로 전액을 충당한 사람은 열 사람 중에 하나였다. 캐디에게 준 팁은 평균 6,000엔이며, 한국에서는 100만원을 주는 것도 보았다.

홀인원 터키탕

일본에는 홀인원이라는 터키탕이 있다. 여자들의 이름도 모두 일본 여성 골프 프로의 이름을 사용하며 플레이 시간은 100분이다. 그린피와 캐디피를 합쳐서 5만 5천엔으로 가짜 프로골퍼들이 나오는데, 얼굴, 팔, 다리가 새까맣게 글러서 이색적인 느낌이 난다고 한다.

홀인원 보장

파 3, 숏 홀에서 나무 채를 잡으며 홀인원을 장담한다.

캐디가 급히 하는 말: "나무는 나무로되 그 나무가 아닙니다. 홀인원을 보장할 나무라면 그 연필 나무를 잡으시죠."

라이(lie)

볼이 채에 맞고 날아가 떨어져 누워있는 자리라는 뜻에서 라이(lie)라고 한다.

TIP

모래나 흙을 고르는 것이 다만 코스를 보호하기 위한 목적이라면,
플레이어의 다음 스트로크와 관련해서 규칙 13-2에 위반되지 않으면, 즉 라이 개선 목적이 아니라면, 플레이어는 어느 때든지 해저드 안의 모래나 흙을 평탄하게 고를 수 있다. 해저드에서 플레이한 볼이 스트로크 한 후 해저드 밖에 있는 경우 플레이어는 제한 없이 해저드 안의 모래나 흙을 평탄하게 할 수 있다. (2012. 1. 1. 개정)

골프 게임에서 볼은 항상 잘못된 라이(자리)에 가 있고, 골프 치는 사람은 종종 라이(거짓말)하기 마련이다.

어웨이(away): 홀로부터 가장 먼 곳에 떨어져 있는 볼. 티샷 다음부터는 가장 먼 볼 순서로 쳐나간다. 그린 위에서도 가장 멀리 떨어져 있는 볼부터 퍼팅을 시작한다.

볼 떨어지기도 전에 어웨이

벤 호건이 젊은 프로와 함께 치는데, 제1번 홀에서 청년이 어프로치 샷을 잘하고서는 "어웨이시니까 먼저 치십시오" 했다. 제2번 홀에서도 또 그 소리를 한다. 제4번 홀에서 파 3짜리 226야드에서 벤 호건이 클럽을 골라 멋지게 스윙하여 채 머리가 볼에 맞자마자, 고개도 안 들고는 아직 치지도 않은 청년에게 말했다.

"자네가 어웨이니 다음 샷은 먼저 하게."

클로즈 라이(close lie): 풀 속에 깊이 박힌 볼.

행잉 라이(hanging lie): 급경사진 곳에 걸려 있는 볼.

언플레이어블 라이(unplayable lie): 볼 놓인 지점이나 상태가 치기에 불가능한 볼. 물속에 들어간 볼을 예로 들면 프로라도 15~20㎝가 한계다. 발목 깊이니까 가능할 것 같지만 물의 저항, 빛의 굴절로 볼의 정확한 위치를 알 수 없기 때문이다. 아무리 볼만 보아도 치면 물만 튀어오르기 십상이다.

프리훠드 라이즈(preferred lies), 윈터 룰즈(winter rules): 훼어웨이 안에서 코스 상태가 불량할 때, 특히 겨울철에 볼을 옮겨놓고 치는 것을 허용하는 것으로 골프 룰에는 위배되나 로컬 룰로 허용하는 클럽이 있다.

그라운드 언더 리페어

코스 내 공사나 작업 중인 맨땅이나 물이 고인 곳을 그라운드 언더 리페어(ground under repair)라고 하는데 벌점 없이 구제(relief) 받아 가장 가까운 지점에 볼을 드롭할 수 있다.

차 타고 들어가려고

ABC 골프 해설자 밥 로스버그는 15살 때에 샌프란시스코의 올림픽클럽 챔피언이자 전설적 명성의 프로 타이 캅을 7 : 6으로 패배시켰다. 클럽 멤버들로부터 놀림 당하는 것을 견디지 못한 타이 캅은 자취를 감추고 말았다. 밥 로스버그는 성장하여 PGA 1959년 우승, US오픈 1959년과 1969년 준우승을 했다. 한번은 멤피스에서 시합 전 연습라운드에서 자기 볼이 보수공사를 해야 될 만큼 땅이 움푹 들어간 곳에 떨어졌다. 마침 심판관이 카트를 타고 지나다가 이를 보았다. 로스버그는 그곳이 그라운드 언더 리페어가 아니냐고 물어보았다. 현재도 아니며 내일 대회에서도 물론 아니라는 설명을 들었다.

다음날 경기 중 공교롭게도 로스버그의 볼이 또 그 자리에 떨어졌다. 로스버그는 어제 그 심판관을 불러달라고 요청했다. 그 심판관이 카트를 타고 나와 볼과 로스버그를 번갈아 쳐다본 후 한심스러운 듯 입을 열었다.

"어제 설명했잖소? 벌점 없이는 볼을 옮길 수 없소!"

로스버그: "아 그래서 나오시란 것이 아닙니다. 저 볼 집고 기권하는 것을 보라고 나오시라 했습니다. 그리고 클럽하우스까지 좀 태워다 주십시오."

장해물 · 옵스트럭션(obstruction)

방해가 되는 자연물로 나뭇가지 꺾어진 것이나 인공장해물로 담, 길, 트랙터, 전주 등을 말한다. 골퍼가 치울 수 없는 장해물인 경우 벌타 없이 볼을 클럽 길이 두 배 거리 내에서 옮겨 드롭할 수 있다.

토니 리마, 진 사라젠, 앤디 비인 등 모두는 앉아있던 여성 스커트의 앞자락 한가운데로 골프볼이 떨어져 곤란에 처했던 경험을 갖고 있다. 기술적으로는 바로 그 자리에 두고 칠 수도 있었으나, 모두들 그 여성 갤러리 옆에 볼을 드롭하고 경기를 계속하였다. 1973년 사우스캐롤라이너 힐튼 헤드의 씨이 파인즈 해리티지 클래식에서 헤일 어윈즈의 골프볼이 한 여성의 브래지어 속으로 들어가 버렸다. 룰에 의하면 경기자가 이 옵스트럭션으로부터 공을 꺼내 드롭하고 치기로 되어있으나, 그 브래지어의 주인 여성이 꺼내주도록 허용되었다.

> TIP
>
> **루스 임페디먼트(loose impediment)**
>
> 코스 안에 방치된 자연 장해물로, 플레이를 할 때 제거해도 되는 것들을 말한다. 루스 임페디먼트는 자연물로서, 고정되어 있지 않거나 생장하지 않고, 땅에 단단히 박혀 있지 않고, 공에 붙어 있지 않은 것으로서 돌, 나뭇잎, 나뭇가지, 동물의 분뇨, 벌레와 곤충 그리고 그것들이 만들어 쌓인 흙과 퇴적물 등이다. 모래와 흩어진 흙이 퍼팅 그린(putting green) 위에 있을 때는 루스 임페디먼트이지만 다른 곳에 있을 때는 아니다. 서리 이외의 눈과 천연 얼음은 경기자의 선택에 따라 캐주얼워터(casual water) 또는 루스 임페디먼트로 취급할 수 있다. 이슬과 서리는 루스 임페디먼트가 아니다.

아웃사이드 에이전트(outside agent)

시합중인 선수 외에 모든 생명체는 아웃사이드 에이전트로 심판, 점수기록관, 갤러리, 악어, 사슴, 소, 하다못해 함께 치는 사람이 자기 볼을 찼어도 벌점은 없다.

아니 옮길 수 없는 볼

"두 점 벌타 받겠습니다. 현재 볼이 있는 자리에 두고 칠 수는 죽었다 깨어나도 불가능하지 않습니까?!"

일레인 존슨이 자기 볼이 나무에 맞고 튀어서 자기 브래지어 속으로 들어갔을 때 한 말이다.

퍼팅 그린(putting green)

골프장에서 사용되는 풀 종류는 블루 그래스(blue grass)가 46%, 벤트 그래스(bent grass)가 22%, 버뮤다 그래스(Bermuda grass)가 22%, 기타 잡종(mixed grass)이 10%를 차지한다. 벤트 그래스는 포아 아누아라고도 하는데 열과 습도에 약하고, 우리나라에 널리 퍼져 있는 고라이 그래스는 혹한을 잘 이겨내는 것으로 유명하며, 버뮤다 그래스는 밀도가 강하여 훼어웨이에서 볼에 탄력을 주므로 널리 쓰인다.

TIP

움직이고 있는 플레이어의 볼이 국외자에 의해 고의로 방향이 변경되거나 정지된 경우

퍼팅 그린 이외의 곳에서는 볼이 정지할 지점을 추정(推定)하지 않으면 안 된다. 그 지점이 스루 더 그린 혹은 해저드인 경우 그 볼은 그 추정 지점에 될수록 가까이 드롭한다. OB 지역인 경우 OB 규칙에 의하여 처리하고, 퍼팅 그린 위인 경우 그 볼은 그 추정 지점에 플레이스한다. 퍼팅 그린 위에서 스트로크한 후에는 그 스트로크는 취소되며 벌 없이 볼을 리플레이스 하여 다시 플레이하지 않으면 안 된다. (2012. 1. 1. 개정)

- 칼러(collar): 벙커, 연못, 그린 가장자리의 풀.
- 에이프런(apron): 그린 가장자리를 말하는데 프린지(fringe)라고도 함. 이곳 풀은 프록 헤어(frog-hair). 훼어웨이 풀보다는 짧으나 그린 표면의 풀보다는 길다.
- 그레인(grain): 그린 위에 풀이 자라고 누운 방향.

- 브레이크(break): 경사진 그린에서 퍼팅을 했을 때 옆으로 흘러갈 거리. 바로우(borrow)라고도 한다.
- 홀 하이(hole high): 그린의 홀 높이와 같은 높이의 지점에 정지한 볼
- 하이 사이드(high side): 경사진 그린 표면 중 홀보다 높은 곳.
- 로우 사이드(low side): 경사진 그린 표면 중 홀보다 낮은 곳.
- 캐주얼 워터(casual water): 일시적으로 물이 고여 있는 것으로 퍼들(puddle)이라고도 하는데 벌타 없이 볼을 옮겨 놓아도 된다.

TIP

캐주얼 워터(casual water)

경기자가 스탠스(stance)를 취하기 이전이나 이후, 코스 내에 일시적으로 생긴 물 웅덩이 즉 수리지를 말한다. 워터 해저드(water hazard) 안에 있는 물과 이슬, 서리는 캐주얼 워터가 아니다. 공이 캐주얼 워터 안에 놓여 있거나 그 일부에라도 접촉하고 있을 때는 캐주얼워터 안의 공으로 간주한다.

- 플랙스틱(flagstick): 깃대. 홀 번호를 표시한 깃발(flag)을 매달았고, 컵의 위치를 알려준다.
- 핀(pin): 플랙스틱과 같은 것. 펜실베니아 아드모어에 있는 메리온 골프클럽의 코스에는 실제로 골프공에 버드나무 가지를 꽂아 핀을 만들어 놓았다.
- 립(lip): 컵 둘레.
- 컵(cup): 구멍. 구멍에 끼운 쇠나 플래스틱 관.

컵의 직경은 4.25인치로 옛날에는 소형 삽으로 적당히 구멍을 팠다. 홀마다 승부가 결정되는 매치플레이 시절이라 컵 크기가 일정하지 않아도 불평할 이유가 없었다. 그러나 손으로 판 컵의 가장자리가 곧잘 붕괴되었다. 어떤 골퍼가 근처에 뒹굴고 있는 토관 조각을 집어 끼워보니 꼭 맞았다. 그 토관 직경이 4.25인치였다.

그린의 수명

그린의 표면은 수려하지만 그 밑은 고민거리가 많다. 우선 뿌리층이 약 30㎝인데 너무 빽빽하거나, 물이 안 빠지거나, 열을 많이 받으면 잔디가 병을 앓기 마련이다. 모래층, 자갈층, 그리고 그 밑에까지 배수로가 열려 있어야 하며 수명은 8~10년으로 다시 만들어야 한다.

두 개의 그린

한 홀에 그린이 A와 B로 둘씩 있는 것은 일본에서 시작했다. 구두 한 켤레로 버티는 것보다 두 켤레를 교대해서 신는 것이 오래 신듯이 잔디 수명이 늘어나니 골퍼는 계속 많이 입장할 수 있어 효율적으로 수입을 올린다는 지혜다. 미국 골프장도 그린을 두 개씩 만들고 있다.

그린의 홀과 인체 홀의 차이점

빨리 올려 놓을수록 좋고, 전희가 길수록 좋고
펏 길이가 짧을수록 좋고, 깊숙할수록 좋고
풀이 짧을수록 좋고, 무성할수록 좋고
구멍이 클수록 좋고, 작을수록 좋고
물이 없을수록 좋고, 많을수록 좋고
빨리 끝낼수록 좋고, 오래 갈수록 좋다.

퍼팅(putting)

펏: 그린 위에서의 스트록

① 손과 팔만 움직이는 샷.

② 유일하게 볼을 띄우지 않는 샷.

③ 신경과민과 신경쇠약의 구름다리.

퍼팅은 자신 있게

퍼팅을 할 때처럼 자신감이 필요한 때가 없다.

의심나고 약해지면 무릎에서 힘이 빠지고, 팔목이 떨리며, 머리는 텅 비어지고, 근육에서 감각이나 기억력이 빠져나가 버리고 만다. 자신 없이 치면 짧은 펏을 치게 되고, 억지로 싸우듯 치면 지나가 버리고 만다. 의심스로우면 잘 쳐야지 하는 마음이 들게 되고 컨트롤이 지나치다 보면 근육이 얼어붙는다. 퍼팅이야말로 자신 있게 '그냥 쳐라!' 하는 말이 가장 훌륭한 교훈일 것이다.

퍼팅을 생략하라

아이젠하워 대통령은 심장이 약했다. 그렇게 좋아하는 골프를 퍼팅을 생략한다는 조건하에 주치의가 허락하였다.

백악관을 떠난 후

퇴임 후 골프에 어떠한 변화가 있나 물어보았다.

아이크의 답: "이제는 져 주는 사람이 별로 없습니다."

귀로 보라

볼만 보고 머리는 들지 말라는 주의는 그린 위에서 더욱 절실하다. 퍼팅하고 나서 고개를 돌려 볼이 들어가나 보려고 하지 말고 그대로 구부리고 있으면서 볼이 딸그랑 하고 컵으로 떨어지는 소리를 기다린다.

남아일생 홀로 세 번

부인: "왜 나 데리고 치지 않으세요?"

남편: "여보, 남아일생에 꼭 홀로 해내야 될 일이 세 가지가 있소. 증언대에 설 때, 죽을 때, 또 퍼팅할 때인 것이오."

두 번에 할 일과 한 번에 할 일

풀 길이, 강약, 누운 방향, 습도, 경사도를 정밀하게 계산해 오르막은 세게 치는 대신 경사를 덜 보고, 내리막은 약하게 치되 경사를 더 보고, 15피트 거리면 넣으려고 치되 안 들어가도 6인치쯤 지나가도록 치고, 20

피트가 넘으면 거리감에 신경을 더 집중해 두 번 이내에는 넣도록 홀 옆으로 붙인다.

죽기 살기

컵 안에는 독사가 입을 딱 벌리고 들어가 있는데, 볼을 넣지 못하면 그 독사가 튀어나와 물려 죽게 될 운명처럼 생각하라. 퍼팅 라인(putting line)이 보이고 퍼팅 스피드(putting speed)가 결정될 때까지 연구하여 짧다고 방심 말며, 길다고 운에 맡기지 말라. 200야드 드라이브도 한 스트록, 2피트 퍼팅도 한 스트록이다.

부인의 퍼팅 조언

벤 호건이 부인과 함께 LA오픈에 참가하기 위해 호텔에 투숙하여 방바닥에서 퍼팅 연습을 하였다. 벤 호건은 자신이 퍼팅에 약한 것을 잘 알고 있었다. 물끄러미 보고 있던 호건 부인이 말했다.

"여보, 당신의 퍼팅 문제 해결책을 찾아냈어요."

얼마나 반가운 소리인가!

"그 해결책이 뭐요?"

호건 부인이 자신 있게 말했다.

"칠 때마다 구멍에 더 가깝게 쳐봐요."

- 스토니(stoney) · 스티프(stiff): 핀에 붙인 샷.
- 기미(gimme): 치지 않고 한 스트록으로 계산하는 짧은 펏.
- 랙(lag): 컵에 넣으려한다기보다 붙이려는 펏.
- 림(rim): 컵 언저리를 한 바퀴 돌고 안 들어간 펏.
- 백 도어(back door): 퍼팅한 볼이 컵 위로 돌아 뒤로 가서 떨어져 들어가는 것.

없었던 홀인원

드리이브샷 잘 맞은 것 이상으로 20피트가 넘는 롱 펏을 1타에 넣으면 실로 감개가 무량하다. 방향, 경사, 거리, 속도, 힘이 꼭 맞아 절묘하게 라인을 타고 들어가서 딸그랑 하며 들어가는 소리는 실로 황금의 음색이다.

1963년 미국의 몬테나주 한 골프장에서 시골 골퍼가 196야드를 퍼터로 쳐서 홀인원을 한 일이 일어났다. 기네스북에 올리려고 보고하니 퍼터를 사용했으니 퍼팅이나, 그린 위에서 친 것이 아니니 퍼팅이 아니고, 홀인원은 맞으나 드라이브 한 적이 없으니 없었던 일로 한다는 결정이었다.

퍼팅은 시계 추 식

양팔꿈치를 옆으로 빼고 시계추 식(pendulum stroke)으로 퍼팅을 하기 시작한 것은 1930년대 메릴랜드주의 리오 디젤이다. 메릴랜드주에서 대회가 열리면 리오 디젤을 이길 수 있는 사람이 없다. 따라서 메릴랜드주에서는 골프 오픈 대회가 개최되지를 않았다.

공포의 3피트짜리 퍼팅

짧은 퍼팅은 예민하기 짝이 없어 너무 약하게 치면 그린 표면이 파도치는 바닷물로 변하여 볼은 비틀비틀하며 망설이다가 컵 1인치 앞에서 서 버린다. 그렇다고 너무 세게 때리면 컵을 지나서 한없이 가 버리니 억울하고 마음 상하기 이보다 더한 것이 없다. 1975년도 하와이언 오픈에서 게리 그로는 1/4인치짜리 퍼팅을 놓치고, 두 번째 부들부들 떨며 넣어서 1타 차이로 우승한 적이 있다. 퍼팅에서 중요한 것은 거리와 방향인데, 구멍까지 얼마나 먼가 하는 거리를 잘 보는 것이 중요하다. 방향은 이미 두 눈으로 빤히 보았기 때문에 너무 신경 쓸 필요가 없다. 단번에 혹은 두 번에 못 넣고 세 번째에야 넣는 쓰리 퍼팅을 골퍼는 가장 혐오하는데, 첫 번 퍼팅을 너무 짧게 혹은 길게 친 탓에 일어나는 현상이다. 그래서 거리 계산이 중요하다는 것이다.

욕도 몰라서 못해

1963년 매스터스에서 잭 니클러스에게 져 준우승하고 1964년도 브리티시오픈에서 잭 니클러스를 누르고 우승한 토니 리마가 1964년 매스터스에서 다시 만났다. 오거스타 내쇼날 10번 홀에서 짧은 펏을 놓치고, 11번 홀에서 티샷을 그린에 올렸으나 8피트짜리 펏에서 또 실패하고는 그가 알고 있는 쌍욕은 다 터져나왔다. 그러다 보니 함께 치던 대만의 첸 칭 포가 물끄러미 쳐다보고 서 있다.

"아, 이거 미안하오" 라고 사과하니 첸 칭 포가 말했다.

"아니 괜찮습니다. 나도 그런 욕에 나오는 단어들을 안다면 다 뱉어내고 싶은 심경입니다."

여기서 아놀드 파머가 우승하고 데이브 마아와 잭 니클러스가 공동 준우승했으며 토니 리마는 참패했다.

띄우지 마

초보자가 18번 홀의 그린에 도착했다. 이제 30피트 거리 펏만 넣으면 드디어 125를 깨는 날이다. 흥분에 떨며 펏 라인과 풀이 누운 방향을 무릎 꿇고 보았다. 손수건을 꺼내 풍향과 풍속을 계산하고 퍼팅 어드레스에 들어갔다. 친구에게, "이 펏 어떻게 칠까?" 하고 물어 보았다.

"띄우지만 말고 쳐."

응원자와 함께

1982년 미국 여성 오픈 챔피언십 준우승자 다너 호튼이 롱 펏을 넣고 말했다.

"그 펏이 얼마나 잘 들어갔는지 아기도 박수 치는 것을 느꼈어요."

다너 호튼은 25피트 거리 롱 펏을 넣었는데 당시 임신 7개월이었다.

파리 덕으로

올려치는 펏을 했는데 볼이 구멍 언저리에 가서 멈췄다. 이 때 마침 파리 한 마리가 볼 위에 내려앉아 두 발을 비벼대자 볼이 컵 안으로 굴러 떨어졌다. 이 혜택을 본 친구는 살아생전 파리는 한 마리도 죽이지 않겠다고 맹세하였다.

- "음주운전 안 됩니다. 음주 퍼팅도 안 됩니다." – 딘 마틴
- 그린 한가운데를 둘러싸고 오래 서 있는 자들은 초보자들!
- 홀 아웃(hole out): 퍼팅 끝내고 그 홀에서 나오는 것.

짧은 펏

"나는 이미 오래전에 핀으로부터 아무리 거리가 짧다 해도 들어가기로 되어있는 펏이란 없다는 것을 깨달았다." –샘 스닉

방뇨

남자들이 골프 치는 도중 나무 숲속에 들어가 방뇨하는 것은 응당 허용되는 관례이다. 가끔 여성 멤버들로부터 불쾌감을 표시하는 항의서들이 클럽 회장에게 전달되나, 여성들도 방뇨할 수 있으니 그것을 남성의 특권으로 간주하지 말라는 확인 이외에 다른 방도가 없다.

- 한번은 프로 시합 때 엣 올리버가 그린 위에서 갤러리를 등지고 비스듬히 누워 있다가 일어났다. 다른 프로가 퍼팅을 하려다가 "너 뭐했니?" 하고 물었다.

"나, 너무 급해서 쉬좀…."

어너(honor)

전 홀에서 같은 조 골퍼 중에서 최소 타수를 친 사람이 제일 먼저 드라이브할 권리와 영예.

에이스 상은 어너

CBS 골프 클래식 TV 중계방송 중 홀인원한 브루스 크램톤이 에이스상이 무엇이냐고 물었다. 중계자가 본부에 물으니 CBS 스포츠의 프랭크 처키니언이 나와 말했다.

"다음 홀에서 어너를 줄 테니 제일 먼저 치는 것이 상이고, 모두들 좀 빨리빨리 치라고 하시오. 황금 같은 시간이 얼마 안 남았소."

골프 스토리는 수퍼 유머

GOLFHUMOR

Ⅶ

섹스냐 골프냐?

골프 과부(golf widow)

남자는 여자로부터 양자택일하라는 소리를 많이 듣는다. 여송연을 피우는 것이 낙인 사람은 여송연과 나 둘 중에 하나를 골라라. 나와 사업 중 어느 것이 더 중한가? 이쯤 되면 최후통첩이다. 과연 골프가 여성, 가정보다 더 좋을까? 골프가 더 좋다면 골프 과부가 탄생하는 것이다.

골프가 성충동을 조장한다는 데는 이의가 없을 것이다. 우선 녹음 속을 하루 종일 걸었으니 기분학상 딴 생각이 날 것이다.

더욱이 허리의 회전운동, 궁둥이의 중심운동이 요추 하부에 있는 사정 중추를 자극한다. 36홀을 돌고도 신이 나서 밤의 세계로 진출해 진짜 19번 홀을 찾는 것은 하반신의 골프채가 "너는 36홀이나 돌고 나는 한 홀도 못 들어가 본단 말이냐?"고 항의하기 때문에 어쩔 수 없다는 것이다.

섹스다!

골프 팬이 된 야구광

일주일에 두 번 이상 꼭 모여 맥주를 마시는 친구들 중에 하나가 빠지기 시작했다. 전화를 걸어서 맥주를 마시러 가자면, "오늘은 안 돼. 로빈슨이 우리 시 골프 토너먼트에 나가거든." 다음 주에 또 연락하여 우리 다 모였으니 나오라면, "이번 주도 안 돼. 로빈슨이 우리 시 대표로 주 오픈 시합에 나가."

다음 주에 또 전화하여, "야, 맥주 마시러 안 나올래?"

"안 돼. 로빈슨이 우리 주 오픈에서 한참 치고 있는 중이야."

"야, 임마, 너는 야구광이잖아? 니가 임마 언제부터 그렇게 골프 팬이 되어서 로빈슨이 치는 것을 봐야 되니?"

"누가 임마 로빈슨이 골프 치는 것을 본다고 그랬어? 로빈슨 마누라하고 연애하느라고 그러지."

"…?"

골프다!

애무냐 한 바퀴냐

한 골프광이 비행기 추락으로 무인도 사막 섬에서 12년을 보냈다. 하루는 가만히 보니 금발 미모의 젊은 여성이 잠수복을 입고 해안으로 헤엄쳐 오는 것이 아닌가. 꿈이냐 생시냐 달려나가 환영한 뒤 지난 12년간 문명의 이기를 박탈당한 억울함을 호소하였다. 금발의 미녀가 잠수복 속에 손을 넣으며 말했다.

"그럼 담배부터 한 대 피우실래요?" 억울한 친구가 "아, 좋지요" 하고 담배를 한 모금 쭈욱 빨았다.

금발 미녀가 다시 말했다. “술도 한잔 하셔야죠?”

“아이구, 하느님, 감사합니다.”

금발의 미녀가 잠수복 속에서 위스키 한 병을 꺼내준다. 이 친구 홀짝 홀짝 나팔을 불며 말했다. “참말로 믿어지지 않는군요. 당신은 내가 12년 만에 처음 보는 여성입니다.”

그러자 금발 미녀가 잠수복 지퍼를 내리며, “그럼, 좀 놀아 보실래요.(Play around?)”

이 친구 눈이 휘둥그레지며, “아니 한 바퀴 돌자니(Play a round), 그 속에 골프채와 볼도 갖고 왔어요?”

바람기 잡는 골프

어느 얌전한 남편이 슬슬 한눈을 팔기 시작했다. 술, 담배, 고스톱도 하지 않는 꽁생원인데, 사무실 여직원인지, 술집 여자인지 누가 있긴 있는 것 같았다. 한번 빠지면 어떻게 손볼 수 없을 것을 감지한 아내가 바람기만 없어진다면 그까짓 고급 골프 세트가 문제겠는가! 가장 가까운 골프장 멤버십까지 사주었다.

남편은 그 즉시 골프에 빠지고 아내는 골프과부가 되어 버렸다.

마누라보다 더 좋아

비가 오면

푸른 초원에 햇빛이 눈부시게 쏟아지는 초여름 아침이었다. 프로샵 앞에 급정거한 자동차에서 웨딩드레스를 입은 젊은 여성이 뛰어내리더니 프로와 몇 마디 한 뒤, 골프 카트를 함께 타고 어느 홀 그린 앞에서 내려 웨딩드레스를 붙들고 그린을 향해 뛰어 올라가며 울부짖는다.

"아니, 이럴 수가 있어요? 우리 결혼식은 어떻게 하고 골프를 치다니…."

퍼팅을 하려던 청년이 내려다보며 말한다.

"내가 분명히 이야기했잖아. 오늘 비가 오면 결혼식하자고, 비가 오면…."

급한 골퍼

한 친구가 뒤에서 홀로 골프를 치며 급히 따라붙더니 허둥대며 말했다.

"죄송하지만 제가 먼저 빨리 치고 나가야겠는데 양보 좀 해 주시겠습니까? 제 처가 대수술실로 들어가는 것을 보고 왔는데 의식이 돌아오기 전에 병원에 가 있어야 되거든요."

남편되는 사람은 없어

어느 토요일 초저녁 라커룸 보이가 전화를 받으니 어느 여자가, "우리 남편 거기 있어요?" 하고 물었다. 보이가 즉시, "여기 안 계시는데요" 하며 끊으려고 든다. 여자가 황급히 다시 물었다. "아니, 이봐요, 어떻게 안 계신다고 그래요? 내가 아직 이름도 말 안했는데…?"

보이가 다시 말했다.

"사모님, 이름은 알 필요도 없습니다. 제가 여기 근무한 이래 누구 남편이란 사람은 있어 본 적이 없습니다."

하관식 직후

골프장을 끼고 영구차가 지나가는데 차 지붕에는 골프백이 실려 간다. 골프 치던 한 사람이 말했다.

"골프 애호가가 죽었구먼. 사랑하는 골프채와 함께 묻히겠다고 유언한 모양이지?"

사정을 아는 한 친구가 대답했다.

"아 저것은 잭슨 마누라 장례차야. 하관식이 끝나는 대로 잭슨은 골프장으로 직행할 준비를 한 것이야."

골프광(golf nut)

매일 27홀 이상을 치지 않고는 못 배기는 사람을 골프광이라고 한다.

왜 그리 골프만 쳐요?

"건강하기 위해섭니다."

"그 이상 건강해서 뭘 하려구요?"

"골프 쳐야죠!"

"아웃코스 아홉홀만 치자."

작심 30분

한 친구가 마지막 홀에서 벙커에 들어간 볼을 멋지게 쳐내서 그린에 올리고 컵에서 한발 거리에 붙여놓았다. 그리고 퍼팅을 했는데 놓쳤다. 골프백 있는 곳으로 돌아와 채를 하나하나 꺼내서 무릎 위에 놓고 꺾어 던졌다. 볼도 다 꺼내서 연못으로 와르르 던져버렸다.

홀로 클럽하우스 라커룸으로 돌아와 면도칼로 왼손 동맥을 끊고 누워버렸다. 조금 있으니 세 친구가 돌아와 옷을 갈아입으며 말했다.

"내일 또 칠까?"

자살하려던 친구가 벌떡 일어나 앉아 왼쪽 팔목을 눌러 지혈하며 말했다.

"몇 시에?"

골프 친구(golf buddies)

오늘은 못 쳐

오래도록 함께 골프를 친 친구를 묻고, 그 무덤 주위에 둘러서서 명복을 비는데 모진 바람이 불고 비가 세차게 내린다. 그 중에 제일 가까웠던 친구가 고인을 위해 짤막하나마 특별한 기도를 드리는 것이 도리라 생각되어 입을 열었다.

"에이, 자네가 살았어도 오늘같이 날씨 나쁜 날에는 골프 치자고 안 했을 거네."

친구와 함께 끝까지

두 친구가 다정하게 아침 일찍 골프를 시작했다. 오후가 되어서 클럽하우스에 있는 사람들이 18홀 쪽을 내다보니, 한 친구가 다른 친구를 둘러

메고 비실비실 들어오고 있다. 클럽 멤버들이 급히 뛰어나가 다른 친구를 받아 땅에 내려놓으니 이미 절명한 지 오래다.

"아, 얼마나 마음 아프고 힘들었겠습니까?" 하고 위로하자 그는 한숨을 몰아쉬면서 대답했다.

"네, 정말로 힘들었습니다. 이 친구 메고 걷는 것은 그런대로 괜찮았는데, 칠 때마다 내려놓고, 치고 나서는 둘러업고 하는 것이 힘들더군요."

돌이킬 수 없는 상태

두 친구가 4번 홀에 이르렀을 때 한 친구가 말했다.

"야, 내가 좀 아픈데 클럽하우스로 돌아가자."

다른 친구가 아픈 친구를 위로하며 신선한 공기가 몸에 좋다고 하며 계속 골프를 쳤다. 5번 홀에서 티오프 하려는데 아픈 친구가 또 말했다.

"야, 이것 안 되겠는데 뱃속에서 난리가 났어."

다른 친구가 계속 기운을 내라며 말했다.

"심호흡을 해봐, 계속 걸으면 괜찮아질 거야."

아픈 친구: "괜찮지가 못해. 사실은 아까 4번 홀에서 방귀를 내보냈거든."

다른 친구: "아, 그랬어? 그럼 좋은 징조야. 낫는다는 증거지."

아픈 친구: "그런데 그게 방귀로 끝난 게 아니야. 내가 활로우 스루를 했거든."

새 마누라와 오랜 친구

한 친구가 클럽 바에 들어서자마자 스카치를 더블로 세 잔 거푸 마시고 한 잔 더 달라고 하며 바텐더에게 실토를 한다.

"내 아주 비통한 일이 생겼네. 믿는 도끼에 발등 찍힌다고, 내 마누라가 내 골프 친구와 눈이 맞아서 둘이 튀고 말았어."

바텐더가 술을 좀더 채워주며 위로했다.

대가리 때려라
그 볼 꼭대기때려라!
공중볼!
짧은 볼!
벙커로 들어가라.
굴러! 그린을 넘어가라.
쌩!!
아, 잘쳤어
참 잘쳤어.

"아, 마누라야 새것일수록 좋다던데 또 얻으면 되지 않습니까. 무얼 그까짓 걸 가지고 상심하십니까?!"

그 친구는 술을 마시고 한 잔 더 시키며 심각하게 말했다.

"그래도 친구는 오랜 친구일수록 좋다지 않던가? 더군다나 그 새끼가 없으면 이제 이 클럽에서 내가 이길 수 있는 사람이 하나도 없어."

잘라 버리고 연결도 안 해줘

유명한 외과의사가 친구들과 골프 약속 시간이 다가오는데 자꾸 환자들로부터 전화가 걸려왔다. 그러자 그 의사가 간호사에게 말했다.

"짧게 끊고 앞으로는 연결도 하지 말아요"

다음날 간호사가 의사에게 말했다.

"선생님, 어제 짧게 끊어 버리고 연결도 안 해주었다고 불평하는 사람들이 많았어요."

남자 하나가 기다리고 앉았다가 이 소리를 듣고는 질겁하고 뛰어나갔다.

"저건 누구야?"

"포경 수술 기다리던 사람인데요."

여성 골퍼

운전과 골프의 차이

운전 배울 때는 무엇에든지 막 부딪치고, 골프 배울 때는 볼 피하는 데 명수.

남성골퍼(볼 찾으러 온 여성골퍼에게) : "무슨 볼 인데요?"

캐디(말 참견으로) : "보나마나 한 번도 제대로 맞아 본 적이 없는 새 볼일 테죠."

젊고 예쁜 여자는 골프를 배우는 데 큰 핸디캡이 있다. 남자라면 누구나 레슨을 해주려고 하기 때문이다. -하비 페닉

여성 골퍼의 실력 향상이 나타날 때란 러프에 쳐 넣은 수와 쳐 나오는 수가 같아질 때이다.

나이냐, 일등이냐?

여성 친선 골프대회에서 동타로 끝나는 경우 1등의 영광은 연장자에게 가는 경우가 있어 나이를 밝혀야 한다. 늙은이라는 소리를 들으며 1등을 하느냐, 입 다물고 있다가 2등을 받아 가느냐? 열 중 아홉은 순순히 나이를 밝힌다.

기미 줄 수 없어요?

끝까지 동타로 경쟁하던 두 여자 선수가 18홀 그린에서 둘 다 펏이 너무 길어 한 번으로는 자신이 없다.

젊은 여자: “여기서 우리 둘이 다 펏을 두 번하고 동타가 되면 하는 수 없이 나이를 밝혀야 됩니다. 저야 아직 20대지만 사모님은 40이 넘지 않으셨어요?”

사모님: “그럼 당신은 투 펏으로 하고, 나는 기미 줄 수 없어요?”

레이디스 티

50m나 앞에 있는 레이디스 티, 어떤 코스는 100m 정도를 접어주고 있는 홀도 있다. 여성용 빨간 마커가 있는 곳은 남성용 티잉 그라운드보다 훨씬 앞이기는 하나, 위치 선정이나 잔디 관리에 특별한 신경을 쓰지 않아서 결코 남자가 가서 쳐봐도 쉽지 않은 홀도 있다.

새옹지마

골프가 점점 어려워지고 힘이 들기 시작한 친구가 볼이 날아가는 거리도 줄어서, 평소 치던 것보다 채도 둘쯤은 긴 것으로 잡게 되었다. 도저히 그 이유를 모르겠고, 프로의 조언도 백약이 무효라 하는 수 없이 의사에게 가서 검사를 받았다.

의사: "참으로 묘한 일이로군요. 좋은 소식과 나쁜 소식 두 가지가 있는데 나쁜 소식부터 말하죠. 당신은 지금 호르몬이 바뀌고 있는 중이오. 조금 있으면 당신의 유방은 부풀고 남자의 심벌은 뚝 떨어져 나갈 것입니다."

골프가 퇴보하는 친구(두 손으로 사타구니를 감싸쥐며): "아이구, 야단났네, 그럼 좋은 소식이란 뭡니까?

의사: "앞으로는 여성용 빨간 티에서 치게 될 테니 한번 겨뤄 볼 만하지 않겠소?"

괴롭다

한 친구가 여자 티 부근에서 어드레스를 하는데, 옆 홀 반대편에서 지나가던 사람 하나가, "어, 거기서 치면 안 돼요. 저 뒤 남자 티에서 쳐야죠!"

볼을 치려던 친구는 계속 볼만 노려보며 신경질적으로 말했다.

"거 웬 참견이오? 이게 세 번째 샷이오."

여성 골프대회

전방 푸른 초원을 건너 아지랑이 아른거리는 언덕 그린 위에서 가물거리는 한 조의 여성골퍼들은 생동하는 한 폭의 그림으로 코스의 분위기를 살리는 데는 으뜸이다. 그러나 미국에서도 여성 골프대회가 열려 10조, 20조의 뒤를 따라 치게 되면 악몽이 당장 눈앞의 현실로 나타난다. 그러나 더 속을 태우고 있는 사람은 클럽 지배인인데, 남성용 욕실도 몇 시간만 쓰기로 약속하고는 하루종일이다. 비누, 샴프는 한 달치 쓰고, 가지고

온 화장품은 고급이라 3일이 지나도 냄새가 빠지지를 않는다. 청소 담당 아주머니도 여성 대회 후 3일간은 시골 내려가야 될 일이 생겼다고 휴가 신청을 해둔다.

레스비언

국제 여성 프로 토너먼트 주최자는 좀 야릇한 고민거리를 해결해야 한다. 레스비언 문제다. 골퍼 자신들 중에도 레스비언이 있지만, 국제대회를 앞두고는 국내외 레스비언들이 호기를 노리고 몰려온다. 특히 우리나라는 쉬쉬하고 덮어주기 때문에 레스비언과 게이의 안식처가 될 수도 있다.

여성 생리

"골프 치러 갑시다" 하는 전화를 반갑게 받아주던 여자 친구가 가끔은 "아유, 참, 손님이 와 계셔서요, 죄송합니다. 감사합니다" 하는 것은 아마도 생리 탓일 수가 있다. 아랫배, 머리, 속 아프지, 변비 생기지, 화나고 짜증나지, 어디 가서 다이아몬드 반지나 훔칠까 하는 생각까지 나는 형편에 골프 초청을 사절할 수밖에 없다. 그래서 여성은 4주 이상 연승 기록을 세우기가 힘들다는 것이다.

여성 3인조에 끼어 나간 남자

갑자기 시간이 나서 코스에 나가니 여성 3인조 팀에 끼어 나가겠느냐 한다. 사절했어야 되는 것을 평생 '노' 라고 해 본 적이 없는 친구가 따라 나섰겠다. 몇 홀 안 가니 인근 홀에서 친구들이 소리친다.

"야 임마, 이쪽으로 넘어와!"

이때 '저 이만 가보겠습니다' 하고 작별인사를 하는 건데, '가다가 중지곧 하면…' 은 왜 또 생각이 나는지.

두어 홀 더 가니 또 아는 패거리가 나타나, "어쭈, 저 새끼 꼴값하네." "정말 꽃밭에서 노는 구먼." "니가 언제부터 그렇게 잘났냐?" "전화해도 없더라." 한 마디씩 다 한다.

여자들이 보아하니 이 친구 골프 치는 것이 신통치 못한 것을 알고는 내기를 하잔다.

"그냥 치면 재미없으니 우리 내기 하죠? 한 타에 십원씩요."

남자: '허어, 이것 일났네. 십원이라고 하면 한 타에 만원이나 십만원씩 일 텐데.'

마침 공금 맡아둔 것은 있어서 "백만원짜리 수표 딱 한 장밖에 없습니다."

"에게, 우리가 바꿔 드릴게요."

내기가 시작되자, "얘, 오늘 덥지" 하면서 슬슬 단추를 풀기 시작한다.

"피칭은 왼손으로 하는 건데, 오른팔을 쓰시네요." "그건 제 볼예요." "난 이제부터 남자 티에서 칠래." "골프 끝나면 시내 나가실래요? 우리가 살게요." "아니, 우리집으로 가자, 얘."

그린에 올라가면 허리를 막 구부리는데, 이 친구 볼 수도 없고 안 볼 수도 없고, 어젯밤 꿈이 길몽이었나 흉몽이었나? 이러다가 공금횡령죄로 들어가는 것은 아닌가? 정신이 오락가락한다.

천만다행히도 퍼팅이 잘 들어가 돈은 잃지 않았다. 그 대신 잔심부름 다하고, 볼 찾아주고, 그늘집 계산하고 골프백 차에 실어주니, 자기 집으로 가자던 제일 예쁜 여자가 말했다.

"그럼 오늘은 우리 약속 있어서 먼저 가요."

"…?!"

여성 금지 구역

영국의 골프클럽하우스에는 여성 금지구역이 많다. 여성을 경시하는 것이 아니고 영국 특유의 클럽 제도 전통이 그렇다. 여왕 밑에서 살다보니 여성의 시선이 와 닿는 곳에서는 진정한 휴식이 불가능했던 것이다. 세인트 앤드류스에 있는 로열 앤 에인션트 골프클럽은 지금도 왕족이 아닌 한 여성은 출입금지다. 하우스 종업원도 인력난으로 하는 수 없이 여성을 고용한 것도 최근이다. 그래서 영국에서는 골프클럽을 '이브가 없는 낙원'이라 한다. 영국 여성들은 또 구태여 그 남성들의 성역을 침범하려 들지 않는다.

미국에서도 초기에는 그랬으나 페미니스트에 공격당하자 곧 무너지고 말았다. 아직도 싸우고 있는 클럽은 전 미국의 클럽 중 2, 3개에 불과한데, 매스터스가 열리는 오거스터 내쇼날 클럽하우스의 2층만은 남성전용이다.

일본의 신사들은 오히려 여성이 눈에 보여야 여유 있게 쉴 수 있다하여 여성을 대환영한다. 도쿄 근교 골프장들은 평일에는 이브의 천국이다.

훌륭한 여성 골퍼들

골프 자체가 훌륭한 게임인데다가 치는 사람들까지 훌륭하면 존경심이 절로 일어난다. 또 골프는 평등하다. 키가 큰 사람, 작은 사람 차이가 없다. 육척 장신이든, 오척 단신이든 볼만 잘 치면 된다. 연령제한도 없어 90세이든, 9세이든 다 칠 수 있다.

남성, 여성 상관없으니, 남성 프로도 있고, 여성 프로도 있다. 성격도 무조건이니, 쌍욕하고 채를 내던지는 사람도 괜찮고, 실수하고도 미소를 띠며 잘 만회할 수도 있다

민주국가 미국의 이름 없는 여성 골퍼들이로되, 진정으로 존경스런 인간미를 보여준 여성들의 이야기가 있다.

A라는 한 여성 골퍼는 공장에서 기계 사고로 오른팔 4분의 3을 잃었다. 이 여성은 한 팔로 잘 친다.

불요불굴 아닌가.

또 한 여성 B는 5척 단신의 86세인데 매일 골프를 치러 나온다. 그 나이가 되도록 건강한 이유가 바로 골프 덕분이란다.

"매일 치는 집념이 뭐 그리 대단해요?"

단호한 기개 아닌가.

또 한 여성 C는 오른쪽 종아리의 응혈로 응급실에 실려 가니 의사들이 절단수술을 권하였다. 당치않은 소리 말라며 일어나서 겨우겨우 걸어 나왔다. 무릎은 자신도 모르게 점점 굽어지고 차가워지면서 감각이 없어져 갔다. 한 달 후 이 여성은 병원 대신 골프장을 찾았다. 그런 발을 끌고 온 정신을 다하여 서서 티오프하기 시작했다. 그런 지 2년, 이제는 4인조에서 제일 잘 치며, 스스로 다리를 회복시킨 사람이 되었다.

대단한 용기 아닌가.

또 한 여성 D는 꼭 자기와 제일 친한 친구와 함께 카트를 타고 다니며 친다는 것 외에는 다른 핸디캡이 없다. 이 여성은 시각장애인이다. 친구

가 방향만 잘 잡아 서도록 해주면, 틀림없이 볼을 잘 쳐내는 것이다. 친구가 볼을 찾아 또 잘 놓아주기만 하면 되는 것이다.

대단한 결단력과 의지력이다.

또 한 여성 E는 나머지 세 친구들이 참을성이란 참을성은 다 동원해야 될 만큼 말썽이었다. 티타임에 늦지 않나, 구두를 갖고 오지 않아서 다시 집에 가야 되지 않나, 번번이 문제투성이였다. 드디어 어느 날 점심을 먹으며 이 여성이 눈물을 흘리며 고백했다. 자신은 노인성 치매 초기단계에 들어있으며, 가능한 한 오래도록 함께 골프를 치고 싶다는 것이었다. 이때부터 세 친구 중 한 명은 꼭 이 여성의 집부터 들러서 모든 것을 잘 챙기고 함께 골프장으로 나온다.

확고부동한 우정이다.

또 한 여성 F는 지지리도 못 치면서 빠지는 적이 없다. 친구들이 이 여성이 헤매는 것을 기다려야만 했다. 골프를 좋아하는 것인지, 살아 숨쉬는 것을 감사하는 것인지, 그토록 행복해 하는 것이다. 날씨가 어떻든 "오늘 참 좋은 날씨지?" 한다. 차근차근 정성들여 좀 잘 쳐보라 하면, "이 나이, 내 주제에 어디든 풀밭 위에만 볼을 쳐 놓았으면 잘 치는 거야" 한다. 또 "나는 너희들과 함께 이렇게 나와 있는 것만으로 행운이라 생각해. 집에 앉아 TV나 보면 뭐하니?"

그 정신, 과연 골프 자체가 좋은 것인지, 함께 골프 치는 사람들이 좋은 것인지는 분별하기 어렵다.

갤러리(gallery)

골프대회에서 관객은 보기만 해야 되는 사람들이다.

1958년 오클라호마 털싸 싸던 힐즈 C.C.에서 US오픈 챔피언이 된 타미 볼트가, 1960년 콜로라도 덴버 체리 힐즈 C.C.에서 역시 US오픈에 참가하여 고전 중 마지막 18번 홀에서 드라이브샷을 두 번 연거푸 코앞에 있는 연못에 쳐 넣었다. 연못 앞으로 가서 물끄러미 내려다보더니 드라이버를 연못에 집어던졌다. 갤러리는 모두 깜짝 놀랐다. 그런데 갤러리 속에서 한 소년이 재빨리 연못에 뛰어들어 볼트의 드라이버를 건져가지고 나왔다. 볼트는 지갑에서 돈을 꺼내 들고 감사하다는 소리와 함께 채를 받으러 소년에게 다가갔다.

그러나 소년은 채를 갖고 잽싸게 갤러리를 뚫고, 훼어웨이를 가로질러 담을 넘고 뺑소니쳤다. 갤러리의 함성이 멎었다. 볼트는 자기가 사랑하는 드라이버를 내버린 것이 아니라, 연못 앞에서 연습스윙 중 손잡이가 많이 헐어서 빠져나간 것이라고 경위를 설명했다.

"저 프로는 갤러리와 동심일체를 이루는 데 명수지."

골프와 음식

골프도 식후행

빈속의 아침 골프는 금물이다. 아침도 거르고 허둥지둥 골프를 시작하거나, 초콜릿이나 샌드위치를 가방에 넣고 발을 동동 구르며 출발하는 것은 건강을 위하기는커녕 해치는 것이다. 골프는 순발력이 필요한 것이 아니라 장시간의 경기를 위한 지속적인 에너지원, 즉 삶은 달걀, 닭고기, 햄이 좋다. 치고 나서 잘 먹으려 들지 말고 치기 전에 잘 먹어야 된다.

우리 조상들이 금강산도 식후경이라고 한 말을 공연스레 한 말이 아니다. 골프도 식후행이다.

라면과 아멘

골프장에서 라면을 보기란 매우 힘들다. 골프의 발생지인 영국과 라면의 발생지인 중국은 아편전쟁으로 철천지원수다. '라멩' 은 장례식 때 '아멘' 하는 소리와 비슷한 발음이 난다. 골프장에 어울리는 고급 이미지를 깨고 신사가 쭈그리고 앉아 국수를 쫄쫄 빨고 국물을 훌훌 마시는 꼴을 보일 수 없기 때문이다.

초전박살이냐, 최후의 승리냐?

육식으로 식사를 하고 소화에 2, 3시간은 부담이 가도 끝까지 스태미너를 지킬 것인가, 아니면 간단한 샌드위치로 전반전에 좋은 스코어를 내고 점수 관리를 잘해 나갈 것인가는 선택의 문제다. 밥이 보약이라고 평소에 밥 세 끼 잘 먹어 두는 것이 최상이다.

골프와 담배

콜럼버스가 미 대륙의 인디언들에게 위스키를 주고 담배를 받아간 15세기는 골프의 초창기다. 1860년에 브리티시오픈이 시작되었는데, 그보다 4~7년 전 크리미아전쟁에 파견된 영국군이 프랑스군으로부터 배워 온 흡연이 대유행하였다.

골프가 여유를 과시하는 게임이라면 담배를 피우며 할 수도 있지 않겠는가. 담배 피우면서 할 수 있는 운동이 이 세상에 어디 또 있겠는가? 그런데 담배 피우는 모습, 담배 끄는 동작으로 그 사람의 인간성을 알 수 있다고도 한다. 또 골프장에서 담배꽁초의 유무를 보고 그 골프장의 수준을 알 수 있다. 일류 골프장은 담배꽁초를 버리는 골퍼는 없는데 줍는 직원이 있고, 이류는 버리는 골퍼도 줍는 직원도 없고, 삼류는 막 버리고 줍는 사람은 없다.

골프와 술

그 많은 술 종류 가운데 찬 맥주 첫 한 모금을 나폴레옹 꼬냑에 비할 것인가!

골프 치고 나서 맥주 한 잔은 골프 맛을 배가시킨다. 이 맛에 골프 친다는 사람까지 있다. 그러나 치기도 전에 한 잔을 넘으면 사고가 난다. 본인은 느끼지 못해도 뇌는 나 몰라라 하며 억제 신경을 풀어 버린다. 드라이버 같은 풀 스윙 파워 샷(power shot)을 칠 때에는 영향이 덜할지 몰라도, 어프로치나 피치 샷 같이, 정교한 스윙이 필요할 때에는 3/4 백스윙(three-quarters back swing)과 3/4 활로우 스루(three-quarters follow-through), 반 스윙(half swing), 혹은 1/4스윙(a quarter swing)을 해야 되는데, 술 마시고 우악스러워지면 사고가 나기 마련이다. 특히 펏을 위한 미묘한 감각과 계산된 힘의 사용은 기대하기 어렵다. 골프 전에 '딱 한 잔만 더하자'는 딱 한 번 더 생각해 볼 일이다.

취중 중타

술이 거나하게 취한 친구: "허, 이것 볼이 두 개로 보이네."
다른 친구: (들고 있는 맥주 깡통을 건네주며) "좀 더 마셔 봐."
술 취한 친구: 맥주를 다 마시고 깡통을 버렸다.
다른 친구: "이제 볼이 몇 개야?"
술 더 취한 친구: "어, 이제는 세 개야."
술 준 친구: "그럼 됐어. 가운데 것을 쳐."

골프는 기진맥진하는 운동

화 잘 내는 경지를 넘어 화풀이 잘하기로 유명한 레프티 스택하우스가 펏이 안 들어가자 퍼터로 자기 머리를 쳐서 비틀거리며 무릎을 꿇었다가 일어나지 못하고 컵 안으로 코를 박고 기절했었다. 또 한 번은 훅이 나자

오른손으로 나무기둥을 치며, 자기 오른팔에도 뇌와 신경조직이 따로 있는 별개의 생명체인 것처럼 쌍욕을 해댄다. 둘 다 갤러리가 보고 있는 자리에서의 광경이다.

테네시 낙스빌에서 제2차 세계대전 자금조달을 위한 국채판매진흥골프대회가 개최되었을 때다. 게임을 끝내기만 하면 누구나 참가금과 상품을 받도록 계획된 것이다. 이 상품 증정은 제1차 세계대전 중 육군하사로서 독일군 장교, 사병 등 132명을 생포하여 미 의회의 무공훈장을 받은 테네시의 영웅 앨빈 컬럼 요크가 맡았다. 그는 신앙심이 깊은 사람으로 전쟁 반대파였고 술은 물론, 골프도 일요일에 치는 것은 강력히 반대하는 사람이었다.

요크 하사가 골프 팀 하나를 골라 따라가며 구경하는데, 공교롭게도 그 팀에는 레프티 스택하우스가 끼어 있었다. 날씨도 무더웠지만 몇 홀 남지도 않았겠다, 참가금과 상품은 어차피 나오도록 되어 있으니, 까짓것 코카콜라병에 위스키를 가득 부어 꿀꺽꿀꺽 마시며 치는 중이었다. 드디어 마지막 홀 그린에서 퍼팅 라인을 보겠다고 엎드렸다가 그대로 코를 박고는 넉다운이 되어 결국 일어나지 못하고 사람들이 들것으로 들어 내갔다.

깜짝 놀란 영웅 요크 하사가 말했다.

"그 불쌍한 사람, 완전히 기진맥진한 것 같습니다. 골프가 그토록 힘든 운동인지는 몰랐습니다."

골프장 내 위험물

골프장에서 다치기는 다반사요, 죽어나가는 것도 종종 본다. 벼락 맞아서, 곤충에게 쏘여서, 열사병, 심장마비, 골프 카트 사고, 어딘가에서 날아온 볼에 맞아서, 뱀에게 물려서, 나뭇가지 떨어지는데 공교롭게도 그 밑을 지나가다가, 이성을 잃은 골퍼에게 잘못 걸려서, 볼 찾으러 옻나무숲 들쑤시고 다니다가, 담배 내려놓고 친 후 다시 집어 빨다가 살충제를 먹어서 쓰러질 수가 있으니 항상 조심해야 한다.

1966년도 10월, 캐나다의 토론토 코스의 8번 홀에서 홀인원한 사람이 14번 홀 그린에서 심장마비로 사망했다. 홀인원을 하면 그 즐거운 충격을 잘 나누어 소화시키도록 해야 한다.

벼락

1991년 6월 US오픈 때에 갤러리에 섞여 구경하던 윌리 파넬이 벼락을 맞아 즉사했다. 2개월 후 PGA 때에 타마스 위버가 벼락 주의보가 내리자 가장 안전하다는 차 속으로 가다가 또 벼락에 희생되었다. 백스윙 시에 채 머리가 발 뒤땅을 칠 듯한 독학의 장타자 존 델리가 우승하는 것을 못 보고 운명한 것이다.

골프를 치며 가장 두려운 것은 OB(자기 잘못), 벙커(설계자 탓), 연못(볼까지 잃으니 설계자는 더 악질), 또 천적으로 벼락이다. 벼락맞아 죽는

확률은 복권에 당첨되기보다 훨씬 쉬운 2백만 대 1 이어서, 미국 골프장에서 벼락맞아 죽는 골퍼, 캐디, 그린 관리인이 매년 160여 명이 되지만, 교통사고 사망자 5,000여 명에 비하면 경미한 편이다. 뼈 부러져, 시력 잃어, 머리 깨지는 사람은 10,000여 명에 이른다.

1952년 1월 영국 로열 앤 에인션트와 미국골프협회 USGA에서는 새로운 골프 규약을 제정하여 게임 중단 해당 상황에 번개도 포함시켰다. 벼락 주의보가 반경 20마일 이내에 접근하면 게임을 중단한다는 것이다.

채를 자기 키보다 높게 들거나 우산을 받고 있으면 위험하다. 우산 꼭지나 우산살이 전도체이기 때문이다. 카트를 타고 앉아 있는 것도 위험하다. 홀로 서 있는 고목이나 고옥, 철탑도 위험하다. 클럽하우스나 자동차로 갈 수가 없다면 골프채는 언덕 같은 곳에 두고 낮은 땅, 벙커 같은 곳에 엎드리는 것이 현명하다.

골프와 종교

평일 골프도 죄

교인이 목사님께 여쭈어 보았다.

"일요일에 골프 치는 것이 죄가 되나요?"

목사님: "내가 당신 골프 치는 것을 보았소. 그 실력으로 치면 일요일이 아니라 다른 어떤 날에 쳐도 죄악이오."

천당 골프장

성당에 잘 나오지 않는 친구: "신부님, 하늘나라에도 골프장이 있을까요?"

신부님: "그 점은 모르고 있었는데 내가 교황님께 여쭈어 보고 알려 주

겠소."

(얼마 후) 신부님: "아, 자네 마침 잘 만났네. 그렇지 않아도 찾고 있었는데 희소식과 슬픈 소식이 한 가지씩 있네. 하늘에는 골프장이 많다네. 훼어웨이는 쭉 뻗어 펼쳐져 나갔고, 그린은 비단처럼 곱다는구만, 또 어두워지는 법이 없으니 자네는 24시간 계속 골프를 칠 수도 있지."

성당에 잘 나오지 않는 친구: "거 정말 반가운 일이군요. 그런데 슬픈 소식은 뭡니까?"

신부님: "자네 티오프 시간이 내일 아침 9시 12분으로 되어 있더군."

장난 말고 신사적으로

성 베드로가 하나님을 모시고 골프를 나갔다. 제1홀에서 성 베드로가 멋진 티샷을 날려 핀 가까이 붙였다. 하나님은 슬라이스가 나서 볼이 러프에 들어가 버렸다. 두 분이 훼어웨이로 걸어나가기 시작하는데 다람쥐 한 마리가 하나님의 볼을 물고 달아난다. 때맞추어 커다란 독수리 한 마리가 내리 덮치더니 다람쥐를 물고 치솟는다. 갑자기 하늘이 먹구름에 가리더니 번쩍하며 번개가 독수리를 치니 다람쥐는 곤두박질하다가 볼을 그린 위에 떨어뜨렸다. 볼은 통통 두어 번 튀더니 떼구루루 굴러 컵으로 쏙 들어갔다.

성 베드로가 화가 머리끝까지 나서 불평한다.

"신사적으로 골프 치실 거예요. 아니면 또 장난하실 거예요?"

자랑 못하는 고통

한 목사님이 사순절을 위해 부활절까지 40일간 단식, 회개를 하기 위하여 골프를 끊었다. 하루는 자기가 좋아하는 골프장 옆을 달리다가 자기도 모르는 사이에 벌써 4번 홀을 끝내고, 5번 홀로 가고 있었다. 마침 당직을 보던 천사 가브리엘이 이 광경을 목격하고 하나님께 보고를 드렸다.

"하나님, 저게 개새끼지 무슨 목삽니까?" 하며 분개하였다.

"맞아. 저런 놈은 천벌을 내려야지. 5번 홀에서 치는 것을 지켜봐."

목사가 560야드 거리 파 5홀에서 티샷을 멋지게 하니, 볼은 쏜살같이 300야드를 날아가서 바윗돌을 치고 튀며 계속 100야드를 더 가다가 나무에 맞아 곧장 그린 위에 떨어지더니 컵 속으로 굴러 들어가 버렸다.

"하나님, 그래 사순절 교리를 어긴 자에게 내리시는 벌이 560야드짜리 홀인원입니까? 그게 상이지 어떻게 벌이 됩니까?"

하나님이 천사 가브리엘을 달래며 말했다.

"저 친구 골프 사상 최고의 샷을 날리고도 누구에게 자랑할 수 있겠나?"

지옥 골프장

한 친구가 죽은 후에 보니 천당 문 앞에 서 있다. 서서히 다가가서 성 베드로에게 물어 보았다.

"여기에 골프장 있습니까?"

성 베드로가 고개를 가로젓는다.

"아이구! 그럼 안 되겠는데요" 하고 지옥으로 직행했다.

"여기는 골프장 있소?"

"물론입죠." 꼬마둥이 악마의 대답이다.

"아, 그럼 빨리 안내를 해야지 뭘 꾸물거리고 있는 거야?"

"네, 네, 이쪽으로 오십시오."

따라가 보니 파인밸리, 뮤어필드, 페블비치, 싸이프레스 포인트, 오거스타 내쇼날, 로열 멜본, 세인트 앤드류스 올드 코스, 볼리부니온, 메리온 이스트, 세미노울, 파인허스트, 오크먼트, 윙드 풋 정도를 이곳에 비기겠는가?!

1번 홀에서 깃발이 아련하게 부르고 있다.

"아, 좋네. 거 요새 유행하는 핑 징 채하고, 슬레이징거라는 볼 좀 빨리 내와봐!"

꼬마둥이 악마가 송구스레 답한다.

"우리한테는 그게 없습니다."

"아니 뭐, 이렇게 좋은 골프장에 채하고 볼은 없어?"

"네, 그러니까 지옥이죠."

점수 속이기(cheating)

'골프 향상의 3대 조건?'

① 레슨 받고,

② 계속 연습하고,

③ '점수 속이기 시작하라.'

'나는 속이지 않는다.'

자기가 골프에는 선천적으로 부족한 인간임을 알면서도 골프를 끊어버리는 사람은 없다. 자기보다 잘 못 치는 자가 수두룩한데 왜 나만 밀려나? 계속 치면서 향상을 봐야지 하는 이유다. 그 목표달성을 위해서는 두 가지 방법밖에 없다.

하나는 수년간 계속 연습하며 전심전력 노력하는 길과, 또 하나는 간단하게 점수 속이는 길이다. 점수 속이는 길을 택하였다면 우선 '점수 속이는 것이 더럽고, 치사하고, 수치스러운 것이 아니다' 라는 믿음부터 가져야 한다. 긍정적인 태도로서 오히려 속이는 것이 옳다고 믿는다.

① '누구든지 속이지 않는 놈이 없다.'
② '나는 속이지 않는다는 놈은 정말 속이는 놈이다.'
③ '골프채건 복장이건 비싼 것 쓰는 놈일수록 그 돈 빼기 위하여 더 잘 속인다.'
④ '속이는 것은 바로 골프의 참된 일부다.'

세금보다 더

'정직한 사람이 세금 낼 때보다 더 거짓말쟁이가 되고 마는 것이 바로 골프 칠 때다.'

이번은 내 차례

첫 홀을 끝내고 2번 홀에 와서 영국인이 스코틀랜드인에게 물었다.
"몇 개 쳤소?"
스코틀랜드인: "여덟 번요."
영국인: "좋아요. 나는 일곱 번 쳤소. 내가 어너요."
2번 홀을 끝내고 3번 홀에 와서 영국인이 스코틀랜드인에게 또 물었다.
"몇 개 쳤소?"
스코틀랜드인: "아니, 그렇게 하면 어떡합니까? 이번에는 내가 당신한테 몇 개 쳤느냐고 물어볼 차례인데…."

뱀은 놓쳤어

한 친구가 볼과 무슨 원수진 듯 패대더니 한 홀을 마치고 6타를 쳤다고 한다. 정말로 6타를 친 친구가 스코어 카드를 적다가 울화통이 터졌다.

"야, 임마, 너 정말 그러지마. 니가 임마 저 러프에 들어가서 친 것만 해도 6개는 된다."

"뭐, 임마? 니가 여기서 보니까 내가 볼 치는 것 같았지. 사실은 러프에서 뱀을 때려 죽이느라고 그런 거야."

"개새끼, 가 보자. 뱀이 죽어있나 가 보자구."

"고놈이 어떻게 빠른지 여섯 번 내려쳤는데도 놓쳤어."

연습 샷 할 때도 욕 나온다?

속이기 잘하는 친구가 볼을 러프에 쳐 넣었다. 함께 치는 친구가 독수리눈을 하고 쳐다보니 세 번 쳐서 나온다. 그런데 점수 계산을 할 때 보니 러프에서 한 번에 나온 것으로 거짓말을 한다.

독수리눈: "야, 임마. 너 세 번 치는 것을 이 두 눈 뜨고 똑똑히 보았는데 2타를 속여?"

1타에 나왔다고 한 친구: "어, 그 처음 두 번은 연습 샷 한 거야."

독수리눈: "야, 임마. 연습 샷이 안 맞아도 쌍욕 나오냐?"

매홀 최소한 한 타는 줄여 속이는 친구가 홀인원을 했다. 스코어 카드에 적은 타수는?

'0'

다 건강을 위해서

"야, 임마 내가 점수를 속이고 싶어서 속이겠냐? 다 건강을 위해서다. 점수가 낮으면 기분도 좋고 따라서 건강에도 좋으니 할 수 없이 그런다."

골프는 만병의 근원

“어허, 골프가 건강에 좋다구요? 큰일날 소리 하시네, 아주 잘못 알고 계시는구먼. 골프를 치면 우선 혈압이 올라갑니다. 뼈대가 엉클어져서 똑바로 설수 도 없게 되고, 안에서는 오장육부가 뒤틀리니 소화불량은 뻔하죠. 눈은 상하고, 양손에는 굳은살들이 주르륵 박히고, 신경계는 연락을 끊고, 도덕성은 다 떠나고, 사람을 술주정뱅이로 만들면 다행이요, 아예 살인미수자로 점지해 놓고, 가정은 깨지고, 체내분비선은 말라 사마귀가 아니라 혹이 되며, 폐와 위의 미주신경은 썩기 시작하고, 드디어 척골이 말단부터 떨어져 나가게 되니 척추수막염으로 번지고, 하는 말마다 허튼 소리 아니면 거짓말이요, 곧이어 또 궁극적으로 협심증과 후두염에 걸려 벙어리가 되고 맙니다.” – .A.S. 램

메아리

깊게 파인 벙커에서 여러 번 치고 나온 친구에게 몇 번 쳤느냐 물으니 4번 쳤다고 한다.

“야, 임마. 여덟 번 치는 소리를 들었는데?!”

“아, 그 중 네 번은 모래벽에 울린 에코일 거야.”

피장파장

“왜 요즘은 옆집 아저씨와 골프치지 않으세요?” 하고 부인이 물었다.

남편: “당신 같으면 볼 안 볼 때 옮기고, 점수 줄여서 적고 하는 자와 골프 치겠소?”

부인: “안 치죠. 누가 그런 사람하고 쳐요?”

남편: “옆집 친구도 그렇게 생각하는 모양이오.”

내기(bet)

없고도 있는 볼

내기를 걸면 자극촉진제 역할을 하여 생기가 나고 잘 쳐서 이겨야지 하는 마음에 재미도 나게 된다. 그러나 결과를 알 수 없는 내기는 금방 도박이 되기 쉽다. 골프 내기란 궁극적으로 스태미너 면에서는 자기 자신과의 경쟁이고, 기술 면에서는 코스의 어려움과, 머리 쓰기에는 상대방과의 씨름이다.

초콜릿 내기로 시작한 골프가 자동차, 땅, 집까지 걸게 되면 이미 스포츠가 아닌 도박으로 타락한다. 한 스트록에 큰돈이 걸리면 추태가 나오기 시작한다. 20년 친구 사이에도 러프에 들어간 볼을 먼저 찾아 감추고 "없어?" 한다.

볼을 못 찾은 친구는 새 볼을 떨어뜨려놓고는 "아, 여기 있었구만" 한다.

"이 새끼, 거짓말은!"

"내가 거짓말한다는 증거 있어?!"

"…!"

청와대 내기

한국 재벌 중에 C모씨는 내기 골프가 되면 '핸드 인 더 캡' 이 아니라 '머니 인 더 월릿' 으로 각자 지갑에 있는 돈을 다 걸기로 소문이 나 있다. 그래도 한국에서 가장 큰 내기를 걸었던 사람은 박정희 대통령 대 코오롱의 이동찬 회장이었다. 코오롱을 걸라는 박정희 대통령의 제의에 청와대로 받겠다 하여 내기는 무산되었다.

왼쪽 눈이 좋아야.

두 눈 중에 왼쪽 눈이 특히 좋아야 골프를 잘 친다. 골프의 제왕, 황금

곰, 잭 니클러스가 그 예이다. 어드레스 시에 우선 목표를 왼쪽 눈으로 보고 다시 양쪽 눈으로 보게 된다. 퍼팅 어드레스 시에는 두말할 것도 없다. 자신의 잘 보이는 눈을 확인해 보려면 손가락 하나를 양미간에 세워 두 눈으로 본다. 다음 왼쪽과 오른쪽 한 눈으로만 본다. 손가락이 움직이지 않고 원래 위치대로 보이는 눈이 좋은 눈이다.

동상이몽

골퍼: "오늘 내가 버디를 세 번 하면 내가 원하는 대로 해줄 테야?"

여성 동반자: "정말루요? 오늘 버디 세 번 못하시면 제가 원하는 대로 해주시겠어요?"

1타에 백만원

퍼팅하는 순간에 한 친구가 캐디의 엉덩이를 꼬집었다.

"아야!" 하는 소리에 펏을 놓친 친구가 말했다.

"이 X년이 누굴 망쳐놔."

"쌍욕은 왜 해요? 그까짓 거 한 타 물어주면 되지."

"야, 지금 여기 한 타에 백만원이야."

그놈이 그놈

미국 서부의 골프 프로 하나가 푸에르토리코의 쌘 우안 호텔 카지노에서 돈을 다 털리고 말았다. 회복할 길은 내기 골프밖에 없어 한 친구를 잡았다. 걸려든 친구가 "얼마 치십니까?" 하고 묻는다.

프로가 대답했다.

"저는 대중 잡을 수가 없습니다. 100 정도 치는데 98도 치고, 잘 칠 때는 95도 쳐보았습니다."

3시간 후 프로는 라커룸에 돌아와 털썩 주저앉으며 투덜거린다.

"하아, 그새끼 멀쩡하게 거짓말을 하데. 배운 지 얼마 안 된다는 자식이 85를 치는 거야. 84 쳐서 이기느라고 땀 좀 뺏네."

최후의 승자

특수층만이 가입하는 사립 골프클럽에 젊은 청년 하나가 새 멤버가 되어 처음 나왔다. 골프클럽 회장이 길을 들여놓기 위해 내기를 걸었다.

"우리 친선 게임으로 하지. 돈 많이 걸지 말고 홀당 100불, 홀 매치 어때?"

"좋습니다."

18홀을 돌고나서 청년은 1,800불을 바쳤다.

회장: "이봐, 내가 기회를 한 번 주겠네. 다시 1라운드 도는데 3,600불짜리 스트록플레이를 할까? 자네가 이기면 1,800불을 찾고 또 1,800불을 따갈 텐데."

청년: "아, 좋죠. 감사합니다."

또 한 바퀴 돌고 청년은 3,600불을 바쳤으니, 총 5,400불을 잃었다. 라커룸에 돌아와 옷을 갈아입으며 청년이 말했다.

청년: "회장님, 회장님께서 내기를 잘 하시니 한 번만 더 내기를 할까요."

회장: "무슨 내기인데?"

청년: "제가 아직 골프는 실력이 달립니다만, 물건 힘만은 자랑할 만합니다. 회장님께서 10피트 밖에 서시고 제가 오줌총을 쏘는데 회장님 키를 넘기는 것입니다. 회장님 옷에 한 방울이라도 튀거나 묻으면 제가 지지요. 1,000불을 걸겠습니다."

회장: "돈 1,000불이래야 까짓것 아무것도 아니지만, 글쎄 그게 될까? 하기야 자네 나이가 한창때이니까 구경삼아 한번 해 볼까."

이 친구가 물건을 꺼내들고 용을 쓰는데 아무리 젊고 힘 좋아도 오줌길을 골프볼처럼 띄울 수야 없지 않은가. 잘 안 되니까 다가서며 회장 몸에 다 왕창 갈겨 놓았다.

샤워하고, 옷 갈아입고, 회장이 점잖게 또 1,000불을 받아 넣으며 말했다.

"괜찮아. 술 많이 마시고 오줌 많이 참았다가 했으면 가능했을지도 모르지. 따라 오게. 술은 내가 사겠네."

함께 클럽 바에 들어서니 대은행 이사장이 앉아 있다. 그 테이블로 갔다.

클럽 회장: "이 친구 우리 골프클럽에 새로 들어온 멤버입니다. 골프도 꽤 잘 치던데 내가 운이 좋아 5,400불 따고, 오줌내기로도 내 몸에 맞아 1,000불 더 땄죠."

대은행 이사장: "아이쿠, 나는 죽었네. 저 친구가 우리 클럽에 얼굴 처음 내미는 날 클럽 회장을 세워 놓고 오줌을 마음대로 갈겨도 꿈쩍 못하리라고 큰 소리를 쳐서 2만불 내기를 걸었는데."

나쏘오(nassau)

승자가 3점 받는 내기. 즉 첫 9홀 이긴 사람이 1점, 다음 9홀 이긴 사람이 1점, 18홀 전부 이긴 사람이 1점.

목숨을 걸고

1938년 쿠바의 카스트로 혁명 훨씬 전 이야기다. 윌슨 운동기구 회장 아이슬리와 쿠바의 백만장자 산체스 사이에 내기가 걸렸다. 산체스는 자기 골프클럽 프로인 루피노 곤잘레스를 자기 클럽 골프장에서 치면 이길 사람이 이 세상에 없다고 내기를 건 것이다.

아이슬리는 샘 스닛을 선정해 쿠바에 원정 파견했다. 샘 스닛이 쿠바에 가서 루피노와 연습라운드를 돌아보니 이길만하였다. 루피노는 드라이브와 펏을 잘 하였으나, 파5, 롱 홀에서 실력이 약간 처지는 듯한 것이다.

다음날 시합이 시작되어 제1홀에 나가 보니 험악하게 생긴 깡패들이 진을 치고 기다렸다. 독재자 보띠스타의 졸개들로 보띠스타가 루피노 곤잘레스에게 거금을 걸었기 때문에 샘 스닛의 기를 죽이기 위해 동원된 것이다.

내기 돈이 10만불을 넘어섰다. 샘 스닛은 승리하면 250불 받기로 되어 있는데, 250불 못 벌어도 좋으니 무사히 돌아갈 수 있기만 빌었다. 2라운드 시합에 샘 스닛은 69와 69, 루피노는 두 번 다 71타를 쳤다. 게임을 끝내고 클럽하우스로 걸어 들어오는데 쿠바의 깡패들이 따라붙으며 금세 덮칠 듯했다. 스닛은 골프공만한 땀을 뚝뚝 흘렸다.

상금 250불을 받아 쥐자마자 플로리다로 직행하여 귀국했다.

아이슬리: "아, 잘했소. 큰소리치는 친구 면박을 주었으니."

샘 스닛: "회장님, 또 이런 게임 주선하시려거든 저 말고 지미 디마렛을 보내십시오. 지미는 여행을 좋아합니다. 간도 크구요. 또 시체가 되어 돌아와도 저보다는 훨씬 미남입니다."

어제 잘 치지!

아이젠하워 대통령과 밥 홉이 한편, 오마 브래들리 원수와 스추어트 싸이밍튼 상원의원이 또 한편으로 갈라서 내기 골프를 했다. 아이젠하워 대통령은 잘 쳤는데 핸디 5, 6까지도 칠 수 있는 밥 홉이 잘 못 쳐서 4불을 잃었다.

다음날 아이젠하워 대통령은 밥 홉을 브래들리 원수에게 주고, 프레스카트 부시 상원의원(조지 부시 대통령의 부친)과 편을 갈랐다. 이번에는 밥 홉이 75타를 쳐서 아이젠하워 대통령 편이 또 졌다. 2불씩 모아 내놓으며 아이젠하워 대통령이 밥 홉을 노려보면서 말했다.

"왜 어제는 오늘처럼 잘 치지 않았소?"

강도를 만났을 때는 재빠르게

US오픈 1968년, 브리티시오픈 1971, 1972, PGA 1984년 챔피언인 리 트레비노는 텍사스 달라스의 테니스 파악 퍼블릭 골프장에서 골프를 시작했는데, 험악한 동네라 클럽하우스에서 좀 떨어진 홀에는 강도가 자주 출몰했다. 리 트레비노가 소개하는 실화가 있다.

"두 친구가 내기에 열중하여 라운딩을 하고 있었는데, 한 친구가 1,000불을 잃고 있는 중이었습니다. 갑자기 강도들이 총을 들이대고 나타나자 1,000불을 지고 있던 친구가 급히 1,000불을 친구에게 건네주며 말했답니다. '야, 이제 나 너 줄 것 없다."

무심코

골프 내기에서 무심코나 방심은 금물이다. 그랜드슬래머로서 '아메리카의 제왕' 이요 미국민의 영웅 바비 존스가 일본의 미야모도와 우연히 플레이하게 되었다. 설마가 사람 잡는다고 5불짜리 내기에 바비 존스가 졌다. 5불짜리 지폐를 내주니 미야모도는 재빨리 그 돈에다가 바비 존스의 사인을 받았다. 이것이 미야모도 집안의 가보로 내려오다가 현재는 일본 골프협회 박물관으로 이관되어 미국 영웅 패배의 영원한 증거물로 전시되고 있다.

골퍼의 기도문

"하느님 아버지시여…
드라이버는 기본으로 잘 치도록 하옵시고,
아이언으로 스코어 잘 내게 하옵시며,
펏 잘해서 돈 따도록 하옵소서. 아멘."

샌드배거(sandbagger)

한때 뉴욕에서 겨울용 두꺼운 양말 속에 5전짜리 동전을 채워 들고 다니다가 젊은 여성만 때려죽이는 연쇄 살인범이 있었다. 마피아용 흉기로는 블랙잭이 있는데 가죽 주머니에 모래를 채우고, 손잡이가 달린 것이다. 이것으로 때리면 외관은 상하지 않으나 속으로 강렬한 타격을 받아 몸속이 망가진다.

포커에서는 카드가 잘 들어왔어도 처음 베팅(betting)은 조금씩 해서 떨어져나가는 사람이 없도록 하고, 막판에 왕창 거금을 거는 방법을 샌드배깅이라고 한다. 골프에서 어딘가 박력이 없어 보이고 어쩌다가 운이 좋아 파를 하면 그토록 좋아하는 사람과 내기를 했다가 지갑 몽땅 털리는 경우, 바로 샌드배거에게 제대로 걸려든 것이다.

1불의 따따블

친구 셋이서 골프를 나갔는데 꼭 비맞은 촌닭 같은 자 하나가 따라붙으며 말을 건다.

"저기, 내기를 하지 않으면 실력발휘도 안 되고 재미도 없으니 1불짜리 내기를 하면 어떻겠습니까?"

똑똑한 두 친구는 가만히 있는데 돈은 제일 없지만 마음만은 착한 한 친구가, "그러시죠" 했겠다.

8홀까지 갔는데, 4홀은 이기고, 2홀은 비기고, 2홀은 져서 2불을 딴 상태였다.

부처님도 돈 따면 조금은 좋아하시는 법이다. 9홀째 들어서며 촌닭 같은 자가 말했다.

"1불은 너무 약하니 이 홀부터는 따따블로 내기를 하십시다."

원래 마음과 수학에 약한 친구가 또 "그럽시다" 하고 동의했다. 나머지

열 홀 중에 내리 다섯 번 지고 다섯 번 비겼다. 돈 계산을 해 보니 1,024불이 되는데 그냥 1,000불로 계산하잔다. 친구에게 1,000불짜리 수표를 써 달래서 갚았다.

클럽하우스에서 두 친구에게 술을 사주며, "곧 갚아줄게" 라고 말한 뒤 냅킨에다 내리 열 홀을 진 경우를 계산해 보니 100만 불이 넘었다. 다행이라고 생각하며 중얼거린다.

'야, 내가 정말 오늘 악운을 참 잘 넘겼네!'

유비무환

미 골퍼로서 헛슬러나 갬블러로 유명한 사람은 앨빈 클래런스 '타이태닉' 톰슨이다. 승리 확률과 주변 상황을 정확히 판단해서, 골프도 잘 쳤지만 돈 따기에 더 능란했다.

타이태닉은 왼손 쓰기가 오른손과 똑같은데 한번은 오른손으로 80타를 쳐 보이고, 왼손으로 시합해 5,000불을 따고, 다음날 2차전에서 2만불을 거둬들였다. 그날 밤 카지노에 갔다 나오는데 강도로 변한 캐디가 기다리고 있다가 덮쳤다. 타이태닉이 항상 45구경을 소지하고 다니며, 백발백중이라는 사격솜씨 사실을 몰랐던 것이다.

일발에 즉사하였다.

톰슨은 또 납덩어리를 박은 땅콩 한 알을 갖고 다니면서 창고 같은 건물 위로 던져 '넘긴다, 못 넘긴다' 는 내기로 돈을 긁고, 날아가는 새를 45구경 권총으로 '떨어뜨린다, 못 떨어뜨린다' 해서 또 돈을 땄다.

한번은 일리노이주로 골프시합을 갔는데 길에서 수박을 잔뜩 실은 트럭을 보자 차를 세웠다. 수박 숫자를 세고 나서 그 수박을 모두 사겠다고 약속했다. 수박 차 운전수에게는 초저녁이 되면 어느 호텔 앞 길에 와서 차를 세우고 기다리면 된다는 것이다. 마침 그 호텔에는 갬블러들이 투숙 중이었는데 차가 도착하자 타이태닉은 그 차에 실린 수박 숫자 맞추기 내기를 하여 또 거금을 거둬들였다.

보이스카웃의 모토인 '유비무환' 의 신봉자인 그는 30피트짜리 펏을 다섯 번에 세 번은 꼭 넣었다.

잭 니클러스에게 돈 내기 펏 시합을 거니 니클러스가 순진하게 덤벼들었다. 타이태닉 톰슨은 시합 전날 그린 구멍으로부터 여기저기에 물 호스를 가로질러 뉘어놓았다가 아침에 호스를 치웠다. 그리고 그린 키퍼가 풀을 깎은 것이다. 잭 니클러스는 아무데나 30피트 지점에 볼을 놓고 쳤으나, 타이태닉은 호스를 놓았던 자리에 길이 난 것을 따라 치니 돈을 딸 수밖에 없었다.

1920년에서 1970년까지 이렇게 반세기를 주름잡은 타이태닉 톰슨의 술수 중 또 한 가지가 있다. 그는 내기를 걸기 전에 병상에 누워지낸 지 수개월로 골프를 처음 쳐본다 하였다. 보아하니 얼굴 뿐만 아니라 전신이 창백하다. 그래서 거금을 걸고 덤벼들었다가 모두들 돈은 잃고 떨어져 나갔다. 타이태닉 톰슨은 실제로는 그 내기 시합 직전까지 열심히 연습하고 있었던 것이다. 그는 꼭 큰 모자 쓰고, 긴팔 옷 입고, 양손에 장갑을 끼고 쳤다.

야구 방망이, 삽, 고무래

가수, 코미디언, 영화배우로 유명한 빙 크로스비는 소년시절 캐디로 싱글이었다. LA의 레익사이드 골프클럽에서 골프 치기를 즐겼는데 하루는 존 '신비스런' 몬테규란 사람과 내기 골프를 했다가 져서 화가 나 있었다. '신비스런' 몬테규가 별명값 하느라고 자기는 야구 방망이, 삽, 고무래만 갖고 쳐도 이길 자신이 있다고 한다.

잃은 돈 찾고 얹어 따려고 한 홀을 더블 오어 낫씽(double or nothing)으로 붙었다. 크로스비는 두 번에 그린에 올려 30피트짜리 펏을 남겨놓았다. 몬테규는 야구 방망이로 치는데 두 번째 샷이 벙커에 들어가 박히자

크로스비 보고 먼저 퍼팅을 하란다. 크로스비는 컵으로부터 3피트에 붙였다.

몬테규는 오케이 주고, 벙커로 가서 삽으로 볼을 그린 위에 퍼 올렸다. 그리고는 고무래를 거꾸로 잡아 당구 큐처럼 사용하여 펏을 넣었다. 빙 크로스비는 비겼으니 아무 소리 못하고 말았다.

클럽하우스

골프장에 클럽하우스가 있는 것은 당연한 것으로 보이나, 초창기에는 골프 따로 술 따로였다. 세인트 앤드류스의 경우, 클럽하우스가 등장한 것은 골프장이 생긴 지 86년 뒤의 일이다. 코스 주변 선술집을 찾아다니며 86년간 마시고 나서야 골프장 안에 레스토랑과 바가 필요하다는 걸 깨달은 것이다.

19번 홀

한 라운드 18번 홀을 마치고 들어앉는 19번째 큰 구멍, 즉 클럽 바이다. 이곳은 골프 룰이 미치지 않는 성역으로 죄 짓고도 잡혀가지 않는 안전한 곳에 도착한 것처럼 안심하고 한잔하며 자신감을 회복하고, 내일이나 모레 또 와서 치기로 결심하는 곳이다.

잘못 친 골퍼의 변명

이유 없는 무덤 없어

골프가 잘 안 쳐지는 날의 전날에는 꼭 무슨 일이 있었기 마련이다. 컨디션이 나쁘게 돼 있다는 소리다. 잠을 잘 못 자서, 술을 너무 마셔서, 배가 고파서, 배가 너무 불러서, 허리가 아파서, 머리가 아파서, 이 장갑 이거 못 쓰겠네, 이 채가 아직 안 맞아, 기분이 안 좋아, 그 얼음물이 좀 이상했어, 좀 춥네, 어이구 너무 더워, 저새끼만 보면, 저 캐디가 자꾸 앞에 나가 있어, 다 악처 만난 탓이야 등등 잘 안 맞는 이유가 101가지 있다. 아무 이유도 없이 잘 안 맞을 때는 “어, 오늘은 내가 왜 이러지?” 라고 한다.

해명서

US오픈 선발시합에서는 파로부터 10타 이하 오버이면 용서해주나, 11타 이상 넘어가면 실격이 되므로 해명서를 제출해야 된다. 잘 못 친 이유가 납득이 안 되면 US오픈 위원회는 그 선수에게 출전금지 명령을 내리게 된다. 별의별 이유 서한이 다 들어오지만 수긍이 갈만한 정당한 이유서는 발견하기 어렵다. 그러나 다음의 해명서는 즉각 만장일치로 받아들여졌다.

위원님들께

저는 첫 9번 홀까지는 잘 쳐서 평균 파를 하며 10번 홀로 가는 중이었습니다. 캐디를 맡은 아들이 저에게 중대한 일인데 의논을 하자는 것이었습니다. 저는 지금 말고 나중에 하자고 달랬지요. 그러나 제 아들은 지금 당장 말을 꼭 해야만 되겠다는 것이었습니다. 하는 수 없이 그토록 중대한 문제가 무엇인지 말해보라 하였습니다. ‘아버지, 저는 게이입니다.’ 그 다음부터 제 심경을 이해하실 수 있으시겠습니까?

– 앞이 캄캄한 아버지 배상

다시는 안 쳐

운동가, 비행가, 사업가, 영화 제작가로 유명했던 미국의 대거부 하워드 휴즈는 골프를 잘 쳤다. 한때는 3개월간 계속 하루도 빠짐없이 레슨을 받았다. 그리고 미국 아마추어 챔피언이며 1931년도 US오픈 플레이오프에서 준우승한 조지 본 엘름과 골프를 치며, 자기도 미국 아마추어 챔피언전에서 우승할 수 있을까 하고 물어 보았다. 선발대회에는 합격할지 모르나 실제 경기에서 우승할 수는 없으리라는 대답을 듣자마자 게임을 중단하고 골프장을 떠났다.

'골프 다시는 안 쳐' 하고 다시 치는 사람이 미국에 2천4백만 명인데, 그 소리 하지도 않고 골프를 끊은 사람은 오직 하워드 휴즈 하나뿐이다.

골프와 사업

대회사의 이사나 중역이면 아침 내내 사무실에서 골프 이야기만 하다가 오후 한나절은 골프장에서 내내 사업 이야기만 한다.

- '100을 깨면 골프 조심하고, 80을 깨면 사업 조심하라.'

골퍼는
수퍼 스타

G O L F H U M O R

VIII

골프클럽 프로

상처 많은 영광

누구나 다 한번은 골프클럽 프로를 부러워하게 된다.

'아, 직업치고는 최상이지, 골프 치며 월급 받으니 상팔자 아니겠어?' 하는 생각이 든다. 프로에도 그 골프장에는 귀신이 되어있는 관록의 총수 명예 프로(pro emeritus), 레슨해주는 프로(teaching pro), 클럽주재 프로(home pro), 시합 나다니는 프로(touring pro) 등 여러가지다. 그러나 프로와 친해보면 이들의 고충이 한두 가지가 아니다. 그 골프클럽 멤버라면 누구든지 상관 모시듯 해야지, 주말에도 일해야지, 시합 나가면 이겨야 알아주지, 밑에 사람들이나 캐디들에게는 아버지 역할 해야지, 골프제품 상인들에게 물건 필요 없다고 거절해야지, 프로샵 고객들에게 스윙웨이트에 대해 설명해 줘야지, 타이거 우즈의 대를 이을 골프왕은 누가 될 것인가, 타이틀리스트 볼이 맥시프라이보다 과연 더 많이 팔리는가 대답해 줘야지, 그린 관리 위원회와 티격태격해야지….

기적을 바라거든

티칭 프로로 유명한 데렉 하디는 13차례 레슨에 140불을 받으면서, 단 한번 레슨에는 1,000불을 요구한다.

"거, 너무 불합리하지 않소?" 물으니, "천만에요, 기적을 바라거든 그 기적값을 낼 각오도 해야죠!"

잘못 걸려온 전화

벤 호건이 호웃 워스 골프클럽 프로로 있을 당시에 남아프리카로부터 대서양을 건너온 국제전화를 받았다. 게리 플레이어가 스윙에 관한 조언을 한마디 듣고자 전화한 것이다. 벤 호건은, "당신이 쓰는 채가 어떤 거요?"하고 물었다. 게리 플레이어가 "던롭인데요" 하고 대답하자, 벤 호건은 "그럼 던롭씨에게 물어보시오" 하고 전화를 끊어 버렸다.

벤츠 차

연습장에서 부잣집 아들이 스윙하는 것을 한 번 보고 레슨 프로가 말했다.

"아, 그 스윙 바꿔야 되겠소. 한 2년 걸리겠는데. 100만원 선금 지불하고 매월 레슨 때마다 10만원씩 지불하면 되겠소."

아무리 부잣집 아들이라 해도 레슨비가 좀 비싼 듯하였다.

"거 레슨비가 아니라 자동차 살 때 할부제도 같지 않소?"

프로가 깜짝 놀라며 말했다.

"내가 벤츠 차 사려는 것을 어떻게 알았소?"

프로(pro)

일본 프로들은 5번 볼을 좋아해

프로골퍼라도 혈혈단신 나서면 무언가 행운을 가져올 부적 같은 것에 매달리고 싶어진다. 일본 프로들은 5번 볼을 골라 치는데, 다섯이란 일본어 '고'는 영어의 'go'와 같은 발음으로 적극적인 골프가 된다는 것이다. 그린 위 볼 마커는 보통 새 그림이 있거나 구멍 뚫린 주화를 쓰며 이글이나 버디의 행운을 바란다.

프로골퍼는 한 세대 3명

프로골퍼는 한 세대에 3명이 '성부, 성자, 성신'을 이루었던 적이 많다.

20세기 초에는 제임스 브레이드, 잔 테일러, 해리 바든.

1930년대에는 월터 하겐, 진 사라젠, 타미 아머(한 눈에만 시력이 있는 영국군 출신으로 제1차 세계대전 중에는 독일군 포로생활을 하였다). 1940~1950년대 벤 호건, 바이런 넬슨, 샘 스닛. 1960~1970년대 아놀드 파머, 게리 플레이어, 잭 니클러스로 이어져 내려오며 삼각관계의 각축전을 이루었다.

골프 삼매경

매스터스 오거스타 내쇼날의 파 3, 12번 홀은 세상에서 제일 어려운 홀로 정평이 나 있다. 1948년도 매스터스 챔피언 클로드 하먼과 1951, 1953년도 챔피언 벤 호건이 함께 치는 중이었다. 클로드 하먼이 먼저 쳐서 홀인원을 하여 갤러리를 열광시켰다. 벤 호건은 버디를 기록했다. 13번 홀을 향해 걸어가며 벤 호건이 입을 열었다.

"클로드, 나는 12번 홀에서 처음으로 버디를 해본 것 같애. 자네는 뭐 했나?"

"아아, 나는 에이스 했잖아."

"아, 그랬어? 참 잘했네, 축하하네."

벤 호건은 이렇게 자기 골프에만 빠져 함께 치는 사람이 홀인원을 하고 환호와 갈채를 받았는데도 몰랐다. 또 알았다 해도 아무 말 안 했을 것이다.

진정한 적

'남들보다 잘 치려 들지 말고 파보다 잘 치기 위해 싸워라.' – 샘 스닛

기교 골퍼

캐나다의 모오 노어먼이 파 4 마지막 홀에서 파만 하면 그 골프 코스의

기록을 세우게 되었다.

"어떻게 올리는 거요?" 하고 캐디에게 물으니, "드라이브 치고 9번 아이언으로 올립니다" 하고 대답한다. 노어먼은 9번 아이언으로 티샷을 하고 드라이버로 올린 후 버디 펏을 성공시켰다.

LA오픈에서 제1홀은 코카콜라 병 위에 놓고 티샷, 다음 홀은 볼 마커 위에 놓고, 그 다음 홀은 캐디에게 볼을 굴려 보내라고 하고 티샷을 하여 250야드를 쳤다.

눈과 손의 감각을 일치시키는 연습으로 시합 중 차례를 기다리는 동안은 드라이버 헤드에 볼을 튀기며 시간을 보냈다. 갤러리 중의 한 사람이 백 번 이상부터는 1불씩 계산해 주겠다고 내기를 걸었다. 184번째에 스스로 볼을 잡아 중지하고는 얼굴이 잿빛이 된 사람으로부터 84불을 받아 넣었다. 온종일 할 수 있었지만 시합을 지연시킬 수는 없었기 때문이다.

프로 작명

골프가 TV에 중계되기 시작한 것은 1953년이다. 이때에는 골프를 아는 해설자가 드물었다.

그린 위에서 퍼팅 장면을 중계방송중인데 해설자가 그 선수 이름을 모르고 있었다. 마침 그 사람의 캐디가 들고 있는 골프백을 보니 던롭이라 씌어 있었다.

그 선수는 '던롭 씨'로 방송되었다.

다시 한 번

1960년대 초반 바이런 넬슨(US오픈 1939, PGA 1945, 매스터스 1937, 1942년 우승)과 '골프기계'란 별명을 가진 진 리틀러(US오픈 1961년 우승)가 함께 치는데, 넬슨이 제1홀에서 완벽한 티샷을 쳐 내보냈다.

마침 볼 떨어진 부근에서 TV 중계방송을 하던 기술진이 쑥덕쑥덕하더니, 한 사람이 쏜살같이 달려가 볼을 주워다가 아직 티에 있는 넬슨에게 갖다 주며 정중히 말했다.

"넬슨 씨, 다시 쳐 주십시오. 우리가 찍지를 못했습니다."

프로의 체격 조건

1949년도 US오픈 준우승자인 클레이튼 헤프너는 '화 잘 내는 타미 볼트' 와 달리 '항상 화 나 있는 클레이튼 헤프너' 라는 별명을 갖고 있다.

후일 소설가로 대성한 찰리 프라이스가 프로 지망생일 때 헤프너에게 조언을 구했다. 헤프너는 서슴지 않고 말해 주었다.

"이봐, 프로들을 봐. 모두 트럭 운전수 체격에 미용사 손길을 갖고 있네. 그런데 당신은 미용사 체격에 트럭 운전수 손을 갖고 있단 말야."

복싱 챔피언의 기미 펏

PGA 1934, 1938년 챔피언 폴 런연이 세미노울 프로-아마 시합에 나가보니 우연히도 자기 파트너는 전 세계 헤비급 복싱 챔피언 진터니였다. 복싱 챔피언이 티샷을 하는데 310야드를 날려보낸다. 다음 어프로치 샷은 핀으로부터 18인치에 갖다 붙였다. 복싱 챔피언이 골프 챔피언보다 더 골프를 잘 치는 것이다. 프로와 아마추어가 짝을 맺은 것이 아니라 프로와 프로가 한 팀이 된 것이 아닌가!

폴 런연이 '1등, 그리고 상금' 을 생각하며 내심 미소를 짓고 있는데 복싱 챔피언이 기미 거리의 펏을 했다. 그러나 볼을 컵으로부터 20피트 떨어진 곳으로 보내고 말았다.

매스터스의 바비 존스

4대 메이저대회 중 하나인 매스터스는 초일류의 프로 중 초청 받은 사람만 참가할 수 있다. 신문기자들이 '이것은 매스터들의 시합' 이라고 보도한 것이 그대로 시합 명칭이 되어버렸다.

1934년 오거스터 내쇼날을 설계, 매스터스를 창시한 바비 존스는 그보다 4년 전인 1930년에 그랜드슬램(grand slam) 기록을 세웠다. 그때 28세로 13개의 타이틀을 석권하였으니 오거스터 내쇼날 챔피언십의 62%를 우승하고 골프계를 은퇴했다.

그랜드슬램이란 브리티시오픈, 브리티시 아마추어, US 아마추어, US 오픈챔피언십을 같은 해에 석권한다는 뜻이다. 그때까지 US오픈 네 차례, 브리티시오픈 세 차례, US아마추어 다섯 차례, 브리티시 아마추어 한 차례의 챔피언 경력을 쌓았다.

저서로는 《훼어웨이 멀리》,《골프는 나의 게임》,《바비 존스 골프론》 등이 있다. 그는 항상 골프만 치는 것이 아니었다. 골프는 1년에 2, 3개월만 치고, 나머지는 엔지니어링, 문학, 법학을 공부하며 하버드대학을 졸업하고 사회활동을 한 것이다. 그는 지금도 프로와 신사가 함께 우러러 보는 이상적 표준으로 우뚝 서 있는 것이다.

그는 1958년 아이젠하워배 쟁탈전 겸 제1회 세계 아마추어 팀 챔피언

십이 스코틀랜드의 세인트 앤드류스에서 개최되었을 때 미국 팀을 인솔하였다. 대회 후 그는 미국인으로서 두 번째로 세인트 앤드류스 명예 시민상을 받았다. 첫 번째로 그곳의 명예 시민상을 받은 미국 신사는 1759년에 벤자민 플랭클린이었다. 골프만 즐기다 가기에는 아까운 인생이라던 바비 존스는 말년에 56가지의 근육질환에 시달리다가 1971년 겨울 69세로 타계했다.

메이저스의 진 사라젠

바비 존스와 같은 나이로 1930년대에도 골프를 계속한 진 사라젠은 4대 현대 골프 챔피언십을 최초로 모두 우승했다. 이태리계 목수였던 사라젠은 특히 펏에 왕이어서 '무신경' 이란 별명을 얻었다.

1935년도 매스터스에서 사라젠은 파 5, 15번 홀을 드라이버샷에 이어 4번 우드 한 샷으로 두 번 만에 더블 이글을 기록해 그 뉴스가 골프계를 진동하였고, 그때부터 오거스터 시골 마을이 미국 지도에 표시되기 시작했다.

심리전의 왕 월터 하겐

뉴욕주 로체스터 컨트리클럽의 월터 하겐은 '월터 백작' 이란 별명을 얻고 '항상 똑바로 치는 벤 호건' 의 두 번째이자 마지막 친구다.

1914년도 US오픈에서 우승하여 미국 최초의 프로가 된 이래 1919년에도 우승했다. 대장장이 아들로 태어나 열 살 때부터 캐디로 나섰다. 시합에 나가면 골프만 치기에는 인생이 너무 짧다 하며 꽃향기를 맡고 다니는 여유를 보였다.

1922년 진 사라젠은 웨스트체스터 빌트모어에서 월터 하겐과 맞붙었다. 그런데 바로 그 며칠 전 묘령의 여성이 놓고 갔다는 쪽지와 선물을 받았다.

'저는 브로드웨이 뮤지컬에서 춤추는 쇼걸입니다. 이 노랑 넥타이를 매시고 월터 하겐을 이기시도록 기도하며 따라다니겠습니다. 그러나 갤러리에서 저를 찾으려고 들지는 마세요.'

시합 날 아무리 안 그러려고 노력해도 자꾸만 갤러리로 눈이 갔다. 그 '쇼걸'을 찾아내고 싶은 것이다. 집중력은 이미 골프로부터 떠난 것이다. 월터 하겐이 웃으며, "당신 그 노랑 넥타이 어디서 났소. 참 잘 어울리네"라고 말을 걸었다. 그제야 그 쪽지와 선물을 누가 보냈는지 알아차렸으나 이미 만회의 길은 늦고 말았다.

같은 해 브리티시오픈에 출전했는데 그때만 해도 프로골퍼는 이류시민 취급이었기 때문에 클럽하우스를 사용할 수 없었다. 민주국가 미국의 대표로서 화가 난 월터 하겐은 롤스로이스를 렌트하고, 남자 하인을 고용해서 일류 음식점으로부터 음식을 날라왔다. 그리고 클럽하우스 중앙 유리창 밖 풀밭에 자리를 깔고 샴페인을 마셔가며 식사를 했다.

한번은 일본 천황, 영국의 왕위를 계승할 윈저공, 세계 제일의 부호 잔 D. 록펠러와 훠썸을 하게 되었다. 일본 천황이 첫 티에 나와 기다리고 있다고 해도 서두르지 않았고, 윈저공에게는 서슴지 않고 에디라는 첫 이름을 불렀으며, 록펠러가 캐디에게 나눠주는 동전을 보고는 자기도 한 개 달라 하여 얻어 가질 정도로 기개가 당당했다.

브리티시오픈 1922, 1924, 1928, 1929년, 전 미 프로 시합 PGA 1924년의 챔피언인데 다음 해인 PGA 1925년 시합에 챔피언 트로피를 갖고 나오지 않았다. 자기가 또 승리하리라는 것이다. 말한 대로 또 챔피언이 되었다. 1926년도, 1927년도 마찬가지여서 PGA 4년 연승 챔피언이 되었다. 시합 전에 "누가 2등으로 준우승할까?"를 크게 외쳐서 1등은 자기라고 기를 죽여 놓는 것이 바로 이 월터 하겐인데, 사실은 1924년에 PGA 챔피언이 되고 기분 좋은 나머지 술 마시러 직행하는 택시에 트로피를 놓고 내린 것이었다. 택시 운전수가 제발로 굴러 들어온 트로피를 돌려 줄리가 만무하잖은가. 3년 연승하지 못하는 한 트로피는 다음 챔피언에게 인계해야 되는데 방법은 3년 연승하는 수밖에 없었고, 3년 연승하려다 4년 연승하였다.

투혼의 켄 벤추리

1950년대에 수퍼 스타였던 켄 벤추리는 몸에 이곳저곳 아픈 곳이 많아 슬럼프에 빠져 허덕였다. 그는 1964년도 US오픈에 운명을 걸고 도전하기로 결심을 했다. 우선 지역별 선발대회에 나가기 위해서, 왕년의 긍지를 다 내버리고 포드자동차가 스폰서가 되어 추천하는 맨 뒷자리를 애걸해서 얻어 타고 기도를 했다.

'하나님, 저를 이 지경에서 데려가지 마십시오. 제가 다시 우승하고 싶어서 그러는 것이 아닙니다. 우승을 포기한 지는 이미 오래입니다. 다만 제가 아직도 열심히 배우고 연습한대로 골프를 칠 수 있다는 것을 증명하도록 만 허락하시옵소서.'

그가 지역별 선발시합 마지막 라운드를 향해서 클럽하우스를 나서는데, 어느 신사가 자기 아들에게 "저 사람이 켄 벤추리다. 왕년의 수퍼 스타지" 하는 소리를 들었다. 벤추리는 그 신사가 자기를 왕년의 수퍼 스타라 소개한 것이 잘못 되었음을 증명하겠다고 자신에게 굳은 약속을 하였다.

파 3으로서는 꽤 긴 16번 홀에 서니, 본능적으로 안전하게 쳐야겠다는 생각이 들었다. 그러나 곧 그 신사와 그의 아들이 생각났다. 또 자신이 여기서 주저하고 물러서면 자기 여생을 계속 주저하고 물러서는 인간이 될 것 같은 생각이 들었다.

그는 3번 아이언을 꺼내 깃발을 겨냥해서 발사하였다. 원 온으로 버디 펏은 놓쳤으나 3등으로 지역선발 선수가 되었다.

US오픈은 워싱턴 D.C.의 콩그래쇼날 C.C.에서 개최되었다. 제3일 마지막 36홀인데 40도가 넘는 열기와 습도에 탈수증과 열사병으로 허덕이게 되었다. 14번 홀에서 몸을 가누지 못했고, 17번 홀의 그린에서는 2피트짜리 펏을 놓고 구멍이 세 개로 보였다. 가운데 구멍을 보고 쳤으나 놓쳤다.

18홀을 끝냈을 때, US오픈 의무관으로부터 18홀을 더 치려 들면 자살행위나 마찬가지라는 엄중하고 간절한 경고를 받았다. 그는 "저는 이미 죽어가고 있는 중입니다. 특별히 찾아가 죽을 곳도 없습니다" 라고 하며 마지막 라운드 18홀을 돌기 위하여 일어섰다. 그 클럽 멤버인 한 의사가 얼음주머니와 알약 소금을 챙겨 따라나섰고, USGA 회장 조셉 C. 디이도 벤추리를 따랐다.

10번 홀 티에 섰을 때 전광판에 스코어가 보이는데, 벤추리가 1등으로 올라섰다. USGA 회장이 격려하기 위해 "저기 전광판에 스코어가 나오는데 궁금하면 보지 그래" 하며 말을 걸었다. 벤추리는 "궁금하지 않습니다. 저는 그 스코어를 컨트롤할 수 없고, 딴사람들이 치는 것도 컨트롤할 수가 없습니다. 그저 있는 힘을 다하여 한 샷, 한 샷 할 뿐입니다" 하고 말할 뿐이었다. 17번 홀 티샷을 한 후 벤추리는 아직도 1등을 유지하고 있으나, 또 쓰러질 것 같았다.

하늘이 강한 자를 돕는다 하였는데, 아무리 기운을 내려 해도 몸이 주저앉을 것 같았다.

"회장님, 저에게 늦게 친다고 벌점 두 개를 주십시오. 도저히 걸을 수가 없습니다. 천천히 걸어갈게요."

회장이 기운을 북돋아 주었다. "이거봐, 여기서부터 18번 홀 그린까지 계속 내리막 이야. 얼굴을 들고 힘 있게 걸어. 그래야 사람들이 챔피언을 우러러보지."

18번 홀에서 우승 펏을 마친 벤추리는 쓰러져 누워 울며 두 팔을 하늘에 들고 "하나님 제가 US오픈에 우승했습니다" 라고 외쳤다. 잠시 후 스코어 카드 점검 텐트에서 벤추리는 숫자를 볼 수가 없었다. 한 타라도 틀리게 적었으면 실격이라는 공포가 엄습하였다.

이때 등 뒤에서 회장이 말했다.

"걱정 말고 사인만 해. 내가 다 확인했어."

켄 벤추리는 주검으로부터 US오픈 챔피언이 된 골퍼로 기억되고 있다.

다이빙 선수 제리 페이트

골프대회에서 우승자가 연못으로 뛰어드는 관례는 그 골프 코스에서 고생한 울분을 푸는 행위로 시작되었다. 시조는 1974년도 US아마추어, 1976년도 US오픈 챔피언 제리 페이트이다. 그는 1978년 펜실베니아 오크먼트에서 개최된 PGA에서 연장전 즉 플레이오프(playoff)로 두 홀을 더 겨루다가 존 매허피에게 우승을 뺏기고, 톰 왓슨과 공동 준우승을 하여 시상식석에서 PGA 회장 딘 비먼과 코스 설계자 피트 타이를 양팔에 끼고 연못으로 뛰어든 것이다. 페이트는 원래 다이빙 선수여서 수영 코치가 부업이었다. 그 이래로 수영 못하는 프로들은 몰래 수영강습을 받는다.

오버랩핑 그립의 해리 바든

브리티시오픈 1896, 1898, 1899, 1903, 1911, 1914, 그리고 US오픈 1900년도 챔피언 해리 바든은 바로 오버랩핑 그립의 고안자이다.

1920년 오하이오 털리도우 인버니스 클럽에서 열린 US오픈에서 3피트짜리 펏을 놓치고 준우승에 그쳤다. 인버니스 클럽 멤버 하나가 어떻게 그토록 짧은 펏을 그토록 위대한 바든이 놓칠 수 있는가 물었다.

바든이 그 멤버에게 일주일 시간을 줄 터이니 퍼팅 연습을 많이 하고, 똑같은 길이의 펏을 넣어보라며 100불 내기를 제안했다.

신문지상에 이 이야기가 보도되자 일주일 후 약속 시간에 수천 명의 관중이 모여 들었다. 내기를 기꺼이 자신 있게 받아들인 그 멤버는 펏에 실패하였다. 시합과 갤러리가 조성하는 압박감과 긴장감의 맛을 보는 대가로 100불을 지불한 것이다.

바든은 또 정확하게 치기로 제1인자였다. 같은 골프장에서는 두 라운드를 할 수 없을 정도이다. 아침 첫 라운드 시에 볼을 쳐서 디봇이 날아간 자리에, 오후 두 번째 라운드를 하면 볼이 바로 그 푹 패인 자리에 떨어지는 것이다.

1900년도 보스턴 조던 마쉬 백화점에 초청되었는데, 갑자기 대형 홀에서 볼을 때리는 시범경기를 부탁받았다. 벽 바로 앞에 네트를 쳐 놓았는데 바로 그곳에 화재 시 스프링쿨러 장치가 달려 있다. 1인치밖에 되지 않는 손잡이를 향해서 치기 시작했는데 계속 손잡이 바로 앞 네트에 맞는다. 몇 번만 더 맞으면 네트가 뚫려 손잡이가 작동되면 그 대형 홀이 물바다가 된다. 지배인이 빌어 딴 곳으로 치도록 했다.

영국을 제외한 유럽의 골퍼들은 찬밥

영국을 제외하면 유럽의 골프 선수 인기는 축구나 테니스 선수의 발밑에도 이르지 못한다. 스페인의 세베 바레스테로스가 1983년도 매스터스, 1984년도 브리티시오픈 챔피언이 되어 귀국해도 공항에는 친지뿐이다. 프로 축구 2군 선수나 2류 투우사만도 못하다. 유럽 투어의 상금왕이던 서독의 베른하르트 랑거에 의하면 서독의 프로골퍼는 2, 3명에 불과하여 국내에서는 생활이 되지 않는다는 것이다. 인기가 없으니 재능이 있는 소년과 소녀들은 축구와 테니스로 몰린다.

룰(rules)

최초의 골프 룰은 41 가지

골프 룰을 처음으로 제정한 사람들은 바로 스코틀랜드의 청교도들이었으니, 인간은 우선 불순분자들이란 관념이 있는데다가, 낙원이라 불리는 골프장에 들어가 그자들이 무슨 짓을 못하겠느냐는 의심까지 겹쳐 41가지 규칙을 엄격하게 나열해 놓았다.

볼을 발로 차면 안 된다. 전 홀에서 제일 잘 치지도 못했으면서 다음 티에서 제일 먼저 치는 어너를 차지하면 강도죄에 준한다.

제9조-언덕 너머로 칠 때 미리 가서 뒤에 무엇이 있나 보고 오면 안 된다.

제16조-볼 떨어진 바로 그곳에서 쳐라. 좀 좋은 곳으로 옮겨 놓고 싶다는 마음이 들면 어느 룰이라도 어기기 시작할 징조이다.

제23조-훼어웨이에서 볼에 흙이 묻었다고 집어서 닦으면 안 된다. 볼을 집는 것은 그린에서만 허용된다.

제33조-샌드 벙커에서 채를 모래에 대면 안 된다.

제35조-퍼팅 시에 옆으로 서서 쳐야지 앞으로 서서 치면 벌점이 2개다 등등….

"자기 마누라가 더 중요해요? 골프협회가 더 중요해요?

하늘을 속여도 자신은 못 속여

골프 신사 바비 존스는 US오픈에서 어드레스 시 볼을 건드렸다고 스스로 보고하고 벌점을 받았다. 아무도 볼을 건드리는 것을 못 보았다. 그 1점 때문에 동점자가 나왔고, 다음날 연장전에서 그 동점자에게 패했다. 그의 스포츠맨십을 찬양하자 그는 룰 대로 치는 사람을 칭찬하는 것은 은행강도질 안 한 사람을 칭찬하는 것이나 마찬가지라고 말했다. 그는 잭 니클러스가 나타날 때까지는 최고의 골퍼로 꼽혀왔다.

도어미(dormie)

매치플레이에서 한 사람이나 한 팀이 이긴 홀 수가 남은 홀 수보다 많아 더 이상 칠 필요 없이 게임을 끝내는 것.

바이(bye)

선발 경기를 거치지 않고 매치플레이 토너먼트에 직접 참가하는 특별 초청.

알아야 면장

1958년도 매스터스 최종 라운드 파 3, 12번 홀에서 아놀드 파머의 티샷이 그린 넘어 둔덕 물 고인 땅에 박혔다. 아놀드 파머는 벌타 없이 볼을 집어 떨어뜨릴 수 있다 하고(free drop), 현장 심판은 훼어웨이나 그린의 물 고인 땅으로 들어갔으면 옮길 수 있으나 그 외 지역에서는 그대로 치는 것이 룰이라 하였다.

일단 심판위원장을 나오라고 연락하고, 게임을 중단한 채 기다릴 수 없으니 아놀드 파머는 두 번 치겠다고 제의를 해서 현장 심판의 동의를 얻었다. 새 볼을 꺼내서 다른 곳에 드롭하고 치니 쉽게 파를 해서 3타, 물 고인 땅에 박힌 볼을 쳐서는 5타로 12번 홀을 끝냈다.

이때 함께 치고 있던 켄 벤추리는 3타 뒤지고 있었으나, 아놀드 파머의 점수가 5타로 결정된다면 1타만 뒤지게 되었다. 13번 홀에서 심판위원장이 도착하여 상황을 듣고 보니 물 고인 땅에 볼이 떨어졌다면 후리 드롭이 허용된다하여 3타가 인정되었다. 켄 벤추리는 아놀드 파머의 볼이 웨어웨이 내 물 고인 땅에 떨어진 것이 아니기 때문에 후리 드롭이 규칙위반이라 항의하였으나 12번 홀에서 일어난 것을 13번 홀에서 그 증거를 댈 길이 있겠는가? 켄 벤추리는 14, 15, 16번 홀에서 내리 쓰리 펏을 하니 준우승은커녕 참패하고 말았다.

어너 강탈 죄

아이젠하워 대통령배 쟁탈전에서 조셉 파스킷과 웨드워스 헤밍웨이가 앞에 물이 있는 9번 홀에서 칠 때의 일이다. 파스킷이 먼저 티샷을 쳐서 물 넘어 그린으로 잘 보냈다. 헤밍웨이도 잘 쳐서 원 온 시켰다. 파스킷이 그린으로 가려고 나서자 헤밍웨이가 말했다.

헤밍웨이: "아니, 안 치고 그냥 갈 거요?"

파스킷: "아니, 아까 티샷 쳐서 그린에 올려놓았잖소?"

헤밍웨이: "아, 그거야 연습스윙이겠지. 내가 전 홀을 이겼는데 어떻게 당신이 먼저 칠 수 있소? 다시 치시오."

파스킷: (다시 티에 올려놓고 치니 볼은 물속으로 들어가 버렸다.)

헤밍웨이: "세 번째 치는 거요."

파스킷: (또 물로 들어갔다.)

헤밍웨이: "다섯 번째 치는 거요."

파스킷: "거 매번 점수를 불러야 되겠소?"

헤밍웨이: "점수 부르는 것이 위법이란 규칙은 없소."

파스킷: "그냥 갑시다. 내 이 홀은 졌소."

나는 바보

1968년도 매스터스에서 인기를 독차지한 아르헨티나의 로베르토 드비센조는 1번 홀은 칩샷으로 넣어 퍼터를 잡지도 않았다. 마침 그날이 45세 생일이어서 갤러리는 〈해피 버스데이〉노래를 불러주었다. 2번 홀은 버디, 3번 홀도 버디…. 프론트 나인을 31타로 끝냈다. 백 나인도 계속 잘 쳐서 18번 홀만 보기로 끝내 34타가 되어 라운드 총 65타로 생각하며 스코어 카드에 사인하였다. 그런데 17번 홀에서 버디하여 3타로 적어야 되는 것을 스코어 카드 기록관(marker)이 4타로 오산하여 백 나인을 실제 타수보다 하나 많은 35로 기록, 총 66으로 계산하였는데 드비센조는 확인하지도 않고 그냥 사인을 했다. 밥 고울비가 65타로 끝내고 들어와 동점이니 연장전으로 승부를 가렸어야 옳은데, 66타로 기록한 카드에 사인을 하였으니 준우승으로 끝이 났다. 이 발표를 듣고 드비센조가 한탄했다.

"나는 바보입니다."

우승은 놓치고 돈은 더 벌어

1957년 여성 오픈 챔피언십(Women's Open Championship)은 뉴욕 아마로넥 윙드풋 C.C. 동부 코스에서 개최되었다. 하와이 선수 재키 펑은 298타로 게임을 잘 끝냈고 스코어 기록관이 실제로 친 합계 298타로 맞게 썼다. 그러나 4번 홀에서 6타 친 것을 5타로 잘못 기록하여 실격 당하였다. 우승은 299타의 베찌 롤스가 차지하였다. 골프 멤버들이 즉시 위로 모금을 전개해 재키 펑에게 3,000불을 걷어주었다. 우승 상금은 1,800불이었으니 실속은 더 챙긴 셈이 되었다.

지옥에서 천사 만나

스코어 카드 잘못 기록해서 실격당할 때와 시합 시작 시간에 늦어서 실격 당할 때의 심경이 어떻게 다를까?

하나는 게임 끝내고, 또 하나는 시작도 못해보고 실격이다. 아프리카 출신으로 현대 골프 4대 시합을 모두 우승한 진 사라젠과 벤 호건의 뒤를 잇고 잭 니클러스에게 물려준 게리 플레이어는 1990년도 세계 골프 시리즈에 나가는 길인데 교통이 꽉 막혀 버렸다. 급히 차에서 내려 골프 장비를 챙겨 메고 서 있는데 머리, 수염 다 기르고 험악하게 오토바이 타고 다니는 헬즈 에인젤(지옥의 천사)이 다가온다. 무조건 막아 세우고는 골프장까지 태워주기를 부탁해 운 좋게 시간 맞추어 출전할 수 있었다.

늦어도 실격, 일러도 실격

늦으면 안 되지만 빨리 시작해도 안 되는 것이 룰이다. 1940년도 US오픈은 오하이오 클리브랜드 캔터베리 골프클럽에서 열렸다.

아침 내내 잘 치고 점심을 먹다 보니 폭풍우 구름이 몰려온다. 일찍 시작해서 일찍 끝내려던 6명의 선수가 정해진 시간보다 28분 전에 시작했다. 전원 실격, 특히 포키 올리버는 공동 우승자와 동점이었으니 연장전에서 우승을 가릴 수도 있었는데…. 연장전에서 로쓴 리틀이 진 사라젠을 누르고 우승했다.

보는 것은 무죄

1965년도 매스터스에서 아놀드 파머, 잭 니클러스, 게리 플레이어의 빅 쓰리가 함께 라운드했다. 세 사람의 지난 경력을 보면 1958년 아놀드 파머, 1960년 아놀드 파머, 1961년 게리 플레이어 우승, 아놀드 파머 준우승, 1963년 잭 니클러스, 1964년 아놀드 파머가 우승, 잭 니클러스가 준우승했다. 게리 플레이어가 잘 치고 클럽을 백에 꽂으면 아놀드 파머와 잭 니클러스는 꼭 몇 번 채로 쳤는지 들여다본다. 보기만 하는 것은 죄가 아니니까. 화가 난 플레이어는 채를 쑤셔넣은 후 백 꼭대기를 타월로 덮었다. 몇 번 채로 쳤는가를 묻거나 타월을 벗기고 보면 룰 위반이다. 결과는 잭 니클러스가 우승하고 아놀드 파머와 게리 플레이어가 공동 준우승했다. 1965년 US오픈에서는 게리 플레이어가 45년 만에 미국인이 아닌 사람으로서는 처음으로 우승했다.

이것으로 아놀드 파머의 전성기는 끝나고, 잭 니클러스는 1966, 1972, 1975, 1986년에 우승했고 게리 플레이어는 1974, 1978년에 우승했다.

캐디가 차서

1946년도 US오픈 오하이오 클리브랜드 캔터베리 G.C.에서 일어난 일이다.

1939년 US오픈, 1937, 1942년 매스터스, 1940, 1945년 PGA챔피언으로서 6척 장신이며 '귀족' 이란 별명의 바이런 넬슨이 16번 그린에서 퍼팅 준비를 하고 있었다.

넬슨은 1944년과 1945년 연이어 그 해의 체육인으로 선정되었으며 1945년에는 프로 토너먼트에서 11연승을 기록하였다. 그의 스윙은 아름답고 가볍고 간결한 동작인데 인간이 할 수 있는 가장 완전한 스윙이라 하였다. 그는 샘 스닛, 벤 호건과 같은 나이였고 또 벤 호건과는 텍사스 주 포웟워스 골프장에서 열 살 때부터 함께 캐디 생활을 했던 경력이 있다.

옆에 서서 함께 펏 라인을 보던 자기 캐디가 움직이며 부주의로 볼을 찼다. 페널티 1타. 울음을 터뜨린 캐디를 껴안고 말했다.

"얘야, 괜찮다. 나도 어렸을 때 캐디였었는데, 그린 위에서 볼을 찰 뻔한 적도 있었어."

신사로 유명한 바이런 넬슨은 동점자 로잇 맹그럼과 다음날 계속 겨루었으나 분패하고 말았다.

귀에 꽂은 티

1978년도 쿠아드 시티즈 오픈에서 레너드 톰슨은 경사가 많이 진 그린에서 거리도 먼 어려운 펏을 하였다. 방향, 속도, 힘, 경사가 꼭 맞아들어 볼은 구멍을 찾아 열심히 구르니 들어가면 이글이고 우승이다. 핀을 잡고 있는 캐디가 엉덩이를 흔들며 다가오는 볼을 응원하다가 그만 귀에 꽂고 있던 티를 떨어뜨렸고, 볼은 티와 충돌해 힘, 방향, 속도, 경사가 다 틀려져 버렸다. 페널티 2타.

예외는 있다

룰도 룰이지만 해석하기에 따라 다를 때도 있다. 바비 락은 세인트 앤드류스에서 1949, 1950, 1952년 세 번이나 우승한 기록을 갖고 있다.

1957년도 브리티시오픈에서 맨 마지막 홀 그린에 올려놓았을 때는 2위(runner-up)보다 3타나 앞서 있다. 자기 볼은 컵으로부터 2피트 정도여서 다른 사람들이 펏하도록 자기 볼을 채 머리 길이만큼 옮기고 마크하였다. 자기 차례가 오자 볼을 원점에 놓고 치는 것을 잊고, 마크해 둔 곳에서 쳐 들어갔다. 못 넣어서 또 한 번 펏한다 해도 우승이다. 그러나 룰로 보면 원래 볼이 있던 곳에서 쳤을 때의 점수와 다른 지점에서 쳤을 때의 점수가 숫자는 같더라도 성격이 다른 것이니 스코어 카드 조작으로 판명될 수 있다는 것이 엄격한 해석이나 챔피언십 위원회에서 벌타 없이 우승자로 인정했다.

상금

우승자는 명예 준우승자는 상금

세계에서 가장 오랜 역사를 가진 브리티시오픈 초창기 챔피언은 빨간 모로코제 가죽에 호화로운 장식이 붙은 챔피언십 벨트와 명예만을 받았고, 상금은 준우승자 이하에 주었다.

상금과 헌금

리 트레비노는 가난한 캐디 생활에서 대성한 사람인데 1971년 브리티시오픈에서 우승하자 상금의 일부를 그곳 가톨릭 고아원에 기부하는 전례에 따라 1,500불을 내놓으며 조건을 달았다. 카지노에 가 있을 터이니 고아원 수녀님들이 도박장에 와서 함께 샴페인을 마셔야 된다는 것이다. 샴페인을 마셔보기는커녕 카지노에 발을 들여놓아 본 적이 없는 수녀님들이지만 쾌히 승낙하고 가서 즐거운 시간을 보냈다. 감동한 리 트레비노는 우승할 때에 사용한 골프채를 경매에 부쳐 1,500불을 추가로 헌금했다.

부비상

바보라는 뜻의 부비(booby)상은 꼴찌상이다. 일본에서는 꼴찌에서 두 번째 사람에게 주니, 우리나라 행운(lucky)상 격이다. 일본에서도 원래는 꼴찌상이었으나 상품이 좋아져서 일부러 꼴등하려는 사람들이 생겨 거기에도 경쟁과 운을 붙여놓은 고육지계다.

속이고도 꼴등

오크런드 레이더즈의 미들 라인배커에서 댄 카너즈가 144타를 쳐서 부비상을 받게 되었다.

잔 매든이 "야, 임마. 속여서라도 부비상은 피해야지 144가 뭐냐?" 하고 핀잔을 주었다.

"아, 속이기야 속였지. 줄인 점수가 144야."

댄 카너즈의 대답이다.

길고 가까운 상

드라이브를 제일 멀리 보낸 사람을 롱게스트 드라이브(longest drive)라 하고 핀에 가장 가까이 붙인 사람을 니어리스트 투 더 핀(nearest to the pin)이라고 한다.

동답서문

매스터스 세 차례(1949, 1952, 1954), PGA 세 차례(1942, 1949, 1951) 브리티시오픈 한 차례(1946)를 우승했으나, US오픈에서는 우승 한 번 못하고 준우승만 네 차례(1937, 1947, 1949, 1953)한 '실망의 샘 스닛' '악운의 왕 샘 스닛' 이 한번은 클럽하우스에 앉아있는데 친구가 들어와 방금 빙 크로스비가 오스카상을 받았다고 말해주었다.

샘 스닛: "무슨 시합에서? 그 상 메달 이름은 뭐야?"

석권은 어려워

아놀드 파머는 US오픈 1960년, 브리티시오픈 1961, 1962년, 매스터스 1958, 1960, 1962, 1964년의 챔피언이다. 그러나 PGA우승은 한 번도 못하고 준우승만 1964, 1968, 1970년에 했다.

우승은 숙명

과연 우승은 누가 하는가? 벤 호건에 의하면 골프 우승은 운명적이지 최우수 실력과는 무관하다고 한다. 시합이 시작될 때 이미 우승자는 결정되어 있다는 이야기다. "내가 꼭 이겼어야 되는데 진 적도 있고, 내가 졌어야 하는데 이긴 적도 있습니다" 라고 그는 말했다.

가장 위대한 골퍼

벤 호건? 바비 존스? 잭 니클러스?

"복싱 왕이 조 루이스냐 무하멧 알리냐 하는 것이나 마찬가지다. 그 사람들과 링 안에 들어갔다가는 맞아 죽기는 매일반이다. 각자 자기 시대에 제1인자가 되기 위해 노력할 뿐이다."

샘 스닛이 한 말이다.

에이지 슈터(age shooter)

자기 나이보다 적은 스코어를 내는 사람.

- 샘 스닛은 67세에 66을 쳤으니 에이지 슈터다.

- "나도 105세까지 살면 에이지 슈터가 될 거요." –밥 호프

연습라운드(practice round)

잔돈은 필요 없소

'화 잘 내는' 타미 볼트는 남의 말을 잘 안 듣기로도 유명하다.

토너먼트 전 연습라운드(practice round) 시에 볼 한 개씩만 쳐야 되는 룰을 어기고 숏 홀에서 볼을 세 개나 그린 위에 올렸다. 토너먼트 위원이 이를 보고 달려와서, 볼 한 개만 써야 되는 규정을 어기고 두 개 더친 것에 25불씩 벌금을 부과했다. 그는 갤러리가 다 쳐다보고 있는데서 100불짜리 한 장을 내주며 말했다.

"두 개 더 치겠소."

타미 볼트는 또 클럽 내던지기로도 유명한데 1957년 PGA가 드디어 '타미 볼트 규칙'을 채택하였다. 채를 내던지면 위반이며 벌금형에 처한다는 것이다. 바로 다음날 채를 내던지고 벌금을 물었다. 왜 화가 났느냐고 물으니, "아, 이번에는 화가 나서가 아니고, 내 규칙을 감히 어느 다른 자가 어기는 기록을 허용할 수가 없어서였소!"

골프 스윙이 그지없이 고우나 화 잘 내고 골프채 부러뜨리고 집어던지기로 유명한 볼트는 2008년 8월 30일 92세를 일기로 조용히 눈을 감았다.

PGA에서 15번 우승 중, 1958년 우승 시에는 게리 플레이어보다 4타 차로 이겼다. 2002년 세계 골프 명예의 전당에 영입되었는데, 그것을 일생 최고의 영예로 삼았다.

연습라운드 홀인원

1966, 1970년 브리티시오픈 챔피언 잭 니클러스와 1973년 챔피언 톰 와이즈코프가 역시 1975년도 브리티시오픈에 참가하기 위해, 시합 일주일 전 스코틀랜드 커내우스티에 도착했다. 연습라운드 중 어렵기로 유명한 파 3, 8번 홀에서 니클러스가 티샷을 그린에 올렸다. 와이즈코프도 깃

발 쪽으로 보냈는데 언덕에 가려져 볼을 볼 수가 없었다. 갤러리가 정중하게 가벼운 박수를 보냈다. 안전하구나 생각하고 그린에 가서 보니 와이즈코프의 볼이 안 보여 니클러스가 컵에 가 보니 거기 들어가 있다.

"홀인원인데 아무도 아무 소리를 안 해 주니 참 기가 막히네."

바로 옆에 서 있는 두 노신사에게 말을 걸었다.

"톰이 이 볼을 쳤을 때 여기 계셨습니까?"

"있었지."

"홀로 들어가는 것을 보셨습니까?"

"보았지."

"그런데도 왜 아무 말 안 하셨습니까?"

"그건 연습볼이잖아?"

골프의 괴질 입스(yips)

골퍼들에게 입스라는 괴질이 파고들어 괴롭히는 수가 있다.

타미 아머의 경우에는 손과 손목신경을 공격하니 그 쟁쟁한 프로가 연습장에서 부잣집 딸들의 볼이나 놓아주는 신세로 전락하고 말았다. 이 병은 사람마다 증상이 달라 다리가 이상해지는 경우, 마음을 가누지 못하는 경우, 타이밍의 감각을 잃는 경우, 힘을 쓰지 못하는 경우가 있으나 신경을 건드리는 예가 제일 허다하다. 5피트 전후 퍼팅을 못 넣는데, 바이런 넬슨의 경우 4피트짜리 퍼팅이 구멍을 지나 40피트 너머로 보낸 적도 있다.

해리 바든도 펏을 네 번 하기 일쑤였는데 자기는 폐결핵을 두 번이나 앓았으므로 신경성 경련이나 섬망증으로 자가진단하였다.

진 사라젠도 볼 앞에 서면 온 몸이 굳어버렸는데, 볼을 한 동작으로 쳐내는 수밖에 치유법이 없었다.

노장들에게는 계속 공격해야 되는 압박감 때문에 생기는 병이라고 믿는데, 젊은 아마추어 선수들에게는 역시 경험 부족 탓인지 질식할 것 같이 숨막히는 증상으로 나타난다. 젊은 사람들은 펏을 할 때는 별 이상이 없으나, 연습스윙할 때에 근육의 기억력은 다 상실되고, 손은 굳고, 눈은 튀어나오고, 턱이 떨리게 되는 것이다.

벤 호건도 이 괴질에 걸렸을 때 1만 통의 치유법 서신을 받았으나 허사였다. 1954년도 매스터스에서 13번 홀에서 펏을 세 번, 15번 홀에서 4피트짜리 펏을 놓치고, 17번 홀에서 또 펏을 세 번, 18번 홀에서 6피트짜리 펏을 넣으면 우승인데 놓치고 말았다.

월터 하겐과 바비 존스도 입스에 시달렸고, 로베르토 드 비센죠는 쓰리 펏 안 하려고 안간힘을 쓰다가 훠 펏 하기가 일쑤였다. 경험, 노하우, 투지, 자신감, 관록이 풍부할수록 이 병에서 헤어나기가 더 어려운 괴상한 질병이 바로 입스다. 캘리포니아 출신 켄 벤추리도 끝내는 말초신경 결함으로 손이 말을 듣지 않게 되자 프로에서 TV해설자로 직업을 바꿨다.

아버지 부시

미국 41대 대통령 부시가 골프 치러 다니는 케너벙크 포트의 클럽 프로가 한 말이다.

"이분은 미 의회와 싸우는 데는 용감한데, 3피트짜리 펏 앞에서는 부들부들 떨어요."

골프와 오만

키플링의 시

골프하면 상류층, 고위층, 일류, 고급, 지위, 위신을 연상하게 된다.

그러나 럿야드 키플링의 시구에 나오는 인물은 없을까?

'제왕들과 어깨를 나란히 하고 걸으면서도 자기는 평범한 인간임을 잊지 않고, 위대한 꿈을 꾸면서도 그 꿈의 노예가 되지 아니하며, 시간과 도움이 필요한 자에게 먼저 나눌 줄 아는 인물….'

골프는 지고의 스포츠

천하 지상에 지고의 운동은 무엇일까?

여러가지 스포츠에 통달한 사람들은 골프를 꼽을 것이다. 왜? 아마도 가장 어렵기 때문이리라. 같은 사람이 같은 채로 같은 곳에 볼을 놓고 쳐도 볼 떨어지는 곳은 매번 다르다. 자신을, 채를, 볼을 마음대로 컨트롤할 수 없다는 증거다.

움직이지 않고 정지 상태에 있는 볼을 치기 때문에 힘으로 하지 않는 운동이면서 정신적으로, 심리적으로 인간은 약하디 약하게 벌거벗은 모습을 그대로 드러내게 된다.

함께 치는 친구들과 숨소리, 농담 한마디, 위로, 격려, 모두 옆에 두고 나누는 오락이며 취미다.

골프에는 깊이가 있고, 풍류가 있고, 맛이 있다. 우리가 게임을 하고 있는 것이 아니라. 그 게임 속에서 호흡을 같이하며 그 생명력을 느끼는 것 같으니 골프는 어머니이고 우리는 태아의 경지로 돌아간다.

'골프야말로 게임 중의, 게임 중의, 게임 중의 게임이다.'

수퍼 스타들의 수퍼 게임

밥 홉 클래식 대회

밥 홉은 골프광으로 영화 찍는 날 아니면 골프장에서 살았다. 당시 자동차 값 네 배의 특수 카트를 제작해 타고 다녔는데 앞 부리가 위로 올라간 초승달 턱처럼 만들었다.

밥 홉 클래식 대회는 90홀을(즉 18홀 다섯 바퀴) 4일 동안에 치고 끝내버리는 것으로 유명하다. 프로 1명에 사회 저명인사 3명이 한 조가 되어 참가금을 많이 받아낸다. 이 대회는 캘리포니아 주 팜 스프링즈에서 개최되는데, 수입금은 병원 자선금으로 보내는 비영리 행사다.

빙 크로스비 내쇼널 프로-아마 토너먼트

프로 2명에 아마추어(저명인사 및 부호) 2명씩 팀을 짜서 매년 1월, 비에 젖고 추위에 떨며 캘리포니아 주 마너레이 반도에서 거행된다. 비, 바람, 추위를 크로스비 기상이라 할 정도며, 바람이 세게 불어 티에 올려놓은 볼이 떨어질 정도라 불평들이 많다. 7번 홀은 110야드에 불과한데 드라이버로 쳐야 할 때도 있다. 골프의 본고장 스코틀랜드 출신인 피터 해이가 프로로 군림하고 있을 때, 꼭 티를 사용해야 된다는 것이 룰이 아니므로 바람이 세면 그냥 땅에 놓고 치라고 일축한다. 1월로 정한 이유는 여름철에는 관광객 때문에 대회를 열기가 불가능하기 때문이다.

골퍼라면 빙 크로스비 내쇼널 프로-아마에 나가고 싶어하는데, 그것은 코스가 어렵고, 빙 크로스비의 명성, 아름다운 경치, TV 시청률이 높기 때문이기도 하다.

매스터스

조지아 주 오거스타 내쇼날 골프클럽에서는 개도 안 짖고 아기도 울지 않는다고 할 정도로 고즈넉하기 이를 데 없는 곳이다. 남부에서 겨울철 대회가 끝나고 북부에서 여름철 대회가 시작되는 딱 중간인 4월 초에 대회를 열므로, 미국의 골프대회는 매스터스로 비롯된다고 할 수 있다. 굽이치는 언덕에 목련, 참나무, 개암나무, 개나리꽃이 만발하고, 외국 꽃나무도 많이 심어져 이국적인 풍취가 절경이라 신문과 TV 등 매스컴에서 불을 뿜게 된다.

아이젠하워는 미국 최초의 골프광이라는 영광인지 불명예인지 모를 별칭을 갖고 있는데, 대통령이 되기 오래 전부터 이 골프클럽의 멤버였다.

바비 존스가 은퇴하고 이 골프장을 설계하여서 1934년도에 첫 대회가 개최되었다. 우승은 284타로 호튼 스미스가 차지했다. 바비 존스, 월터 하겐, 데니 슈트가 294타 동점으로 공동 준우승했는데 처음으로 로프를 사용하여 갤러리나 보도진을 격리시키고, 대회에 참가한 프로들만이 골프장 풀 위를 밟으며 활보하는 특권을 만끽했다. 매스터스에서는 아마추어가 참가할 수 없으며 프로도 초대받은 사람에 한한다. 극히 배타적이어서 아직도 프로는 수퍼 스타라는 자기들만의 집단적 자만의식이 팽배하다.

1935년도에 진 사라젠이 더블 이글을 기록하여 온 세상에 울려 퍼진 샷을 치고 우승, 1937년에 바이런 넬슨, 1940년에 지미 디마렛이 우승, 벤 호건 준우승, 샘 스닛 3등, 1958년에 아놀드 파머가 우승하여 골프의 TV 전성시대를 열었다.

왜 캐디들은 모두 흑인이며, 골프 치는 사람들은 모두 백인이냐 하는 여론이 들끓자 흑인도 초청되었다. 1968년도에 흑인 프로 리이 엘더가 잭 니클러스와 써든데스 5홀까지 겨루다가 패하였다.

벤 호건

1953년도에 처음으로 영국제 조그만 볼로 쳐서 4타 차로 브리티시오픈에서 벤 호건이 우승한 후, 끔찍이도 아끼는 부인 발레리와 프랑스에 휴가를 갔다. 호텔 로비에서 정장을 한 신사 하나가 다가오더니 벨기에 국왕과 골프를 치지 않겠느냐고 정중하게 물어보았다. 벤 호건은 '미안하지만 나는 휴가 중에는 골프를 치지 않습니다' 하고 거절하였다.

한번은 벤 호건이 연습장에서 볼을 치고 있는데 시카고에서 연습장 프로로 일하며 골프 프로를 지망하는 청년 하나가 다가와 자기 스윙을 좀 고쳐 달라고 청하였다. 그 사람이 스윙하는 것을 한 번 보더니 골프 프로로 나가려는 생각 포기하고 골프클럽의 프로나 연습장 사업에 투신하라고 권하고는 언젠가는 자기가 도와주겠다고 약속하였다. 2년 후 이 사람이 새로 개장되는 퍼블릭 코스의 프로가 되어 시범경기를 보여줄 수 없겠느냐는 연락을 해왔다. 벤 호건은 쾌히 승낙하고 시카고에 달려가 첫 홀부터 18홀까지 하나하나 테이프를 끊으며 골프를 쳐 주었다. 벤 호건의 약속은 항상 지켜지는 법규와 같아서 어떠한 조건이 없었다.

벤 호건은 골프공과 골프채 제작회사를 세웠는데, 볼과 채가 자기 마음에 완전히 들기 전에는 생산하는 법이 없었다.

그가 프로 시절에 골프는 기술적인 것이 20%, 인간적인 것이 80%라고 굳게 믿어 강철 같은 마음으로 신경을 컨트롤하며 결정적인 시기에 실수하는 적이 없었다. 월터 하겐처럼 대장장이 아들로 태어나서 곤경을 극복했다. 원래 왼손잡이였으나 당대에는 왼손용 채가 없었기 때문에 오른손으로 치는 것을 배워야만 되었다.

그에 의하면 골프의 제일 원칙은 컨트롤이다. 자신을 컨트롤함으로써 몸을 컨트롤할 수 있고, 몸을 컨트롤함으로써 채를 컨트롤할 수 있고, 채를 컨트롤함으로써 볼을 컨트롤할 수 있다는 것이다. 어느 한 번의 샷이라도 요행을 바라며 치는 적이 없었다.

옥에 티라고 펏 실력이 뒤떨어졌는데, 그냥 구멍에 가까이 치는 것이 목표라고 하였다. 골프장 구조에 따라 전술가인 듯 골프를 쳤고, 어느 샷이 가장 중요한가라는 질문에는 다음 샷이 제일 중요하다고 답하였다. 누가 스윙하는 것 좀 봐주고 조언을 해달라고 부탁하면 '나처럼 땅에서 파내라' 하고 일축하였다.

US오픈과 샘 스닛

최고의 골프 챔피언이라면 US오픈에서 우승해야 한다. 미국 공식 타이틀전이며 PGA나 매스터스에 참가할 수 없는 아마추어에게도 개방되어 있다.

1947년도 US오픈 플레이오프에서 루 워샘과 샘 스닛이 우승을 다투었다. 마지막 홀 그린에서 샘 스닛이 먼저 펏 하려고 준비하였다. 막 펏을 하려는데 루 워샘이 "잠깐만, 누구 펏이 더 긴가 재봅시다. 내 것이 길어서 내가 먼저 해야 될지도 모르겠소" 하며 샘 스닛을 제지시켰다. 심판이 줄자로 재보니 샘 스닛이 29.5인치, 루 워샘이 30.5인치로 루 워샘이 1인치 더 길어 먼저 펏하는 것이 옳지만, 대개 골프 예의상 그 정도 사소한 거리 차이는 먼저 치려고 준비한 사람에게 먼저 치기를 허용하는 것이 통례다. 루 워샘이 먼저 퉁 쳐서 넣었으나, 감정이 흔들린 샘 스닛은 못 넣고 말았다. 이 일로 샘 스닛은 'US오픈에서 패한 사람' 으로 더욱 유명해졌다. 자신은 그 분패를 숙명론으로 돌리고, 루 워샘은 US오픈에 우승할 운명을 갖고 태어난 사람이라고 받아들였다.

그는 운동에는 만능이어서 야구, 축구, 농구 장학금을 어느 것이나 받을 수 있었으나 골프를 택했다.

PGA(프로골프협회)

1916년에 시작한 PGA는 회칙 3항 1절에 백인만 치도록 규정되어 있어서 흑인은 참가하지 못하였다. 1961년에야 이것이 수정되어 흑인 프로도 참가할 수 있게 되었다.

USGA(미국골프협회)

1953년도에 골프 전성기가 도래하였으니 '성부' 에 아이젠하워, '성자' 에 아놀드 파머, '성신' 에 TV 중계가 완전한 콤비를 이룩하였다. 골프 모자를 쓰고 미소짓는 대통령의 사진을 가리키며 아이들이 공부 안 하고 골프만 치겠다면 어떻게 하느냐는 문제까지 야기되었다. 1954년도 USGA의 US오픈은 뉴저지주 밸터스롤 컨트리클럽에서 개최되었는데 TV 중계가 대대적이었다. 진 리틀러를 꺾고 우승한 엣 퍼골은 어린시절의 사고로 왼팔이 더 이상 자라지 못한 불구였다. 골프 스윙 시 왼팔을 쭉 펴야 되는 것이 중요함에도 불구하고 짧고 구부러진 팔로 우승하여 시청자들을 감동시켰다.

아놀드 파머

골프 프로의 아들로 태어난 아놀드 파머는 5세에 골프를 시작했다.

그 당시만 해도 클럽 멤버나 대우받았지 프로는 이류 시민으로 천시당할 때다. 라커룸에도 좀 들어와 달라는 소리가 있기 전에는 들어가 볼 수가 없었다. 프로가 훼어웨이 풀 깎고, 레슨하고, 프로샵에서 고객을 상대로 조언자 역할을 해야 할 때다.

아놀드 파머는 멤버들이 골프를 안 칠 때 캐디들과 골프를 치며 배웠다. 여름철에 컨트리클럽의 수영장에 못 가는 한이 남아서, 그가 성공하여 백만장자가 되자 아버지가 일하던 래트로우브 컨트리클럽을 수영장까지 포함해서 다 사들여 버렸다.

벤 호건이 아무 말 없이 기계적으로 치는 사람이기 때문에 골프에서 인간성을 말살해버리고 말았다면, 1954년도 US아마추어챔피언십에 도전한 아놀드 파머는 골프도 인간이 치고 있음을 여실히 보여주었다. 힘이 넘치는 자신을 보여주기 위해서 매번 강타를 치니 '아놀드는 쇠망치' 라는 별명을 금세 얻었다. 잘 치면 좋아서 웃고, 못 치면 화내며 담배 빨아대고, 갤러리와 보도진의 물음에 일일이 대답해 주고, 셔츠 뒷자락은 바지 뒤에 빠져나와 흔들며 다녔다.

차가운 인상의 벤 호건이 자동차 사고가 난 후에야 동정과 경의를 받게 된 것과 달리, 아놀드 파머는 펜실베니아주 탄광지대 출신답게 스윙도 뒤뚱거리며 하고, 땅도 잘 파서 평민 골프의 앞길을 열어주었다. 72홀을 칠 때도 다리가 아프다고 하지 않으며 항상 걷고 볼도 바꾸는 법이 없이 한 볼로 계속 쳤으며, 한 번 칠 때마다 곧 점수를 기록하는 모습을 보여주었다.

잭 니클러스

오하이오주 컬럼버스 출신으로 독일계 백인 부잣집에서 태어났다.

1972년도 뮤어필드 골프클럽에서 개최된 브리티시오픈에 참가하여 좀 작은 영국제 볼을 치게 되니 훨씬 멀리 나갔다. 곧바로 '거인 강타자' 라는 별명이 붙었다. 우승은 리 트레비노에게 돌아갔지만 곧 잭 니클러스의 전성시대를 맞이했다.

1986년도 매스터스에서는 46세의 니클러스가 14세의 아들을 캐디로 쓰며 10홀을 남겨놓고 5타 뒤진 상태에서 모든 실력을 발휘하여 눈부신 65타로 역전 우승하기도 했다.

리 트레비노

리 트레비노는 멕시칸 계통으로 편모슬하에서 가난과 싸우며 14세에 학교를 그만두고 캐디로 출발했다.

1971년 메리온 골프클럽에서 열린 US오픈 마지막 18번 홀에서 잭 니클러스와 동타를 이루려면 리 트레비노는 파만 하면 되었다. 리 트레비노는 왼손 장갑에 혀를 내밀어 침을 바르고 두 손뼉을 탁 치고 클럽을 달라고 손을 내미니 캐디가 안 보인다. "내 채 다 어디 갔어?" 하고 소리를 질렀다.

그때서야 겁에 질린 캐디가 갤러리 속을 비집고 나왔다. "골프는 내가 치는데 떠는 것은 내 캐디가 도맡은 모양입니다" 하며 갤러리와 어울려 한바탕 웃었다. 이렇게 긴장감을 풀고 무난히 파를 해서 잭 니클러스와 동타로 플레이오프에 들어갔다.

연장 첫 홀 티잉 그라운드에서 골프백을 뒤지면서 티를 찾던 트레비노가 고무 장난감 뱀이 나오자 니클러스 쪽으로 집어던졌다. 니클러스가 웃자 갤러리도 모두 따라 웃었다. 연장전에서 리 트레비노가 우승하자, 니클러스가 놀라고 당황하도록 장난감 뱀을 던지며 잔꾀를 쓴 트레비노가 비신사적이며 비겁하다는 말이 나왔다. 그러나 계획적이며 의도적인 행위는 아닌 것으로 판명되었다.

그는 골프는 몸을 컨트롤하는 운동이라고 하였다. 몸을 컨트롤할 수 있으면 골프볼도 마음대로 컨트롤할 수 있다는 것이다. 골프는 생각하는 마음과 손과 눈의 협조로 치는 것이라는 정설을 남긴 것이다.

진정한 수퍼 스타

수퍼 스타들이 많다. 연예계의 수퍼 스타, 스포츠계의 수퍼 스타… 그러나 모든 수퍼 스타들을 모아 그 왕을 뽑는다면, 그 왕위는 골프의 수퍼 스타에게 돌아갈 것이다.

아놀드 파머 대 잭 니클러스

'돌격자' 아놀드 파머는 '황금 곰' 잭 니클러스보다 11년 연상이다.

1962년 니클러스가 US오픈에서 파머와 겨루게 되었는데, 파머는 이미 1960년도와 1962년도 매스터스 챔피언으로 왕위를 누리고 있었다. 드디어 두 거인의 대결의 날이 왔다. 펜실베니아 오욱먼트 C.C.는 파머의 홈그라운드다. 72홀을 치니 동타가 되어 다음날 18홀을 더 쳐야만 했다. 파머는 "저 뚱보 아이가 제일 잘 치는 날에도 내가 이길 수 있어" 하며 연장전에 나갔는데 73타를 치고 니클러스는 71타를 쳤다.

파머는 "내가 아는 기술은 모두 동원해 돌격했는데 안 되더군" 하며 고백했다.

니클러스는 다음 해인 1963년도 매스터스에서도 챔피언, 1964년도에는 파머에게 매스터스를 뺏겼으나, 1965년과 1966년에 연승했으며 1972, 1975, 1986년에도 챔피언 자리를 지키며 새로운 제왕으로 군림하였다.

아놀드 파머는 1929년생이다. 그는 골퍼로 그친 것이 아니라 골프에 새로운 바람을 일으키고 골프를 수퍼 스포츠로 군림하도록 하였으며 골프 프로로서는 최초로 백만장자가 되었다. 잭 니클러스가 1940년생이니 가장 어린 나이에 또 가장 늙은 나이에 매스터스를 우승하였으며 골프 챔피언십 우승 최다 기록자이다.

잭 니클러스 대 리 트레비노

'황금곰' 잭 니클러스와 '즐거운 멕시칸' 리 트레비노가 '챔피언들의 토너먼트'에서 두 명씩 팀을 갈랐는데 한 팀이 되었다. 리 트레비노는 1968년도 US오픈에서 전년도 챔피언 잭 니클러스를 누르고 우승했고, 1971년에 똑같이 그를 누르고 우승했으며 1972년에도 브리티시오픈에서도 또 그를 누르고 우승했다. 새로운 황제를 준우승자로 누르는데 명수인 리 트레비노가 1975년도 웨스턴 오픈에서는 등에 벼락을 맞고 수술해 3

년 반이나 골프를 치지 못하였다.

니클러스와 트레비노 차례가 되어 리는 티샷을 안전하게 훼어웨이에 내보냈다. 니클러스는 러프로 들어가 버렸다.

리 트레비노: "훼어웨이로 잘 쳐."

잭 니클러스: "너 정도 치려면 나는 하루종일 아이언 5번만으로 쳐도 더 잘 칠 수 있으니 걱정 마."

라운드를 끝내고 보니 리 트레비노는 72타 이븐 파(even par)로 들어왔는데, 잭 니클러스는 점수가 형편없어 파를 훨씬 넘은 77타였다. 코스를 나오며 대화를 나눈다.

리 트레비노: "잭, 오늘 네가 어떻게 쳤으면 잘 쳤을지를 나는 알지."

잭 니클러스: "어떻게?"

리 트레비노: "아이언 5번만으로 쳤으면 됐을 텐데."

잭 니클러스: "…."

타이거 우즈

인간사의 희비극이 모두 주기적으로 오르락내리락하는데, 골프게임의 주기는 최고도의 극치를 이루고 있다. 단순히 타이거 우즈 덕이다.

"18세면 18번 홀에 올라가 승리자가 되는 꿈을 항상 꾸었습니다."

그보다 3년은 늦었지만, 21세가 되어 인간사, 골프사상 최선의 골퍼가 되었다. 젊은 잭 니클러스(당시는 '뚱뚱보 잭')가 스타가 된 지 30년 후의 일이다. 바로 잭 니클러스의 정평인데, 골프를 "타이거 우즈보다 잘 칠 수는 없다"는 것이다.

'호랑이'란 이름으로(실명은 엘주릭) 1997년도 매스터스에서 270타로 승리하였다. 270타는 매스터스 63년 역사상 최저타수요, 준우승자와 12타 차이가 나는 것 또한 그 누구도 세우지 못할 신기록이었다. 골프 세상을 완전히, 또 영원히 확 뒤집어 엎어놓은 것이다.

타이거가 나타나기 전만 해도, 십 수 명의 독불장군들이 나타나 한 두 게임을 이기고 유명해지는 때가 있긴 하였으나, 지속적으로 뚜렷한 전성기를 누리던 것은 월터 하겐-진 사라젠-타미 아머, 벤 호건-바이런 넬슨- 샘 스닛, 아놀드 파머-게리 플레이어-잭 니클러스가 각축전을 펼치던 3대 3파전 시절이었다.

그러한 노장들을 나흘 낮 사이에 극적으로 모두 물리치고 왕위에 오른 것이다. 그는 월남전 말기 태국지원사에서 근무하던 미 육군상사 아버지와 태국 어머니 사이에서 태어나 로스앤젤리스 퍼블릭 코스에서 골프를 쳤다.

타이거는 가히 혁명에 성공한 소년장군처럼 골프 역사의 새로운 전성기를 시작한 것이다.

여성 골프의 여왕은 베입 디드릭슨 자하리아스

18세가 된 1932년 LA올림픽에서 80m 장해물 경주와 투창에서 금메달, 높이뛰기에서도 금메달이었으나, 당시에는 '돌아누워 넘기'가 불법으로 판정되어 실격되었다. 이 실망을 위로해 주기 위하여 스포츠 기자가 골프에 초대한 것이 인연이 되어 골프 프로로 전향했다. 그녀는 두 번째 치는 골프에서 100을 깨고 스타로 탄생되었다. 진 사라젠과 투어에 나섰고, 당시 최고의 골프 선생 타미 아머 밑에서 지도를 받았는데 양손에서 피가 날 때까지 연습 샷을 쳤다.

타미 아머는 US오픈 1927, PGA 1930, 브리티시오픈 1931년 챔피언이다. 베입 자하리아스는 1946년도 여성 아마추어 챔피언, 1947년 브리티시 여성 오픈 챔피언, US 여성 오픈은 1948년도 우승, 1949년도 준우승, 1950년도에 다시 우승했으며, 1949년에는 여성프로골프협회(LPGA)를 창설했다. 1953년 암으로 병원에 입원했다가 1954년 US여성오픈에 제3차 우승을 했고, 1956년 텍사스 갤베스튼 병원에 재입원했다.

연합통신에서는 디드릭슨 베입 자하리아스를 20세기 전반부에 최고로 위대한 여성 체육인으로 선정하였으며, 많은 사람들이 자하리아스야말로 인류사상 가장 다능하고 강한 여성으로 믿고 있다.

야구, 농구, 볼링, 골프, 투창, 테니스, 육상을 모두 잘하였다. 고등학교 농구시합에서 100점 골을 기록하기는 다반사였고, 미국 체육연맹 주최 시카고 경기에서 육상 8개 종목을 우승하였다. 1932년 미국 내 경기에서 5개 종목 우승, 그 중 3개는 신기록을 수립하였다.

특히 야구에서는 프로팀 중에 유일한 여자 선수였으며, 골프에서는 50개 토너먼트 중 17번의 연승기록이 있다.

티샷을 250야드 이상 보내는 베입 자하리아스에게 어떻게 그리도 멀리 칠 수 있느냐는 질문에 "저는 속옷 띠를 좀 풀어놓고 치면 볼이 그렇게 나가요" 하면서, 젖가슴 부분을 가리키며 "이것들만 없으면 20야드는 더 보낼 수 있을 겁니다" 라고 하던 순박한 여성이었다.

날씨가 좋으면 홀로 바닷가에 나가 웨지로 볼 몇 개를 쳐보고 병실로 돌아오곤 했는데 자기가 창시한 LPGA 챔피언십 게임이 두 돌이 되기도 전에 41세로 세상을 떠났다.

아버님께서는 무얼 하시던 분인데요?

1973년도 브리티시오픈 우승자 톰 와이즈코프가 1980년 브리티시오픈에 재참전하여 뮤어 필드에서 하루 시합을 끝내고 호텔에 돌아와 바에 들러 한잔하고 있었다. 마침 BBC TV가 그날 골프를 방영하고 있었다. 와이즈코프가 해설자를 엉터리라며 욕을 해대자 아내가 조용히 하라는 눈짓을 한다. 옆에 앉았던 한 부인이 잠시 자리를 뜨자 아내가 남편에게 말했다.

"당신 저 부인이 누구인지 알아요?"

와이즈코프: "몰라, 영국 여왕인가?"

아내: "비슷하게 맞추시네요. 마가렛 공주예요."

와이즈코프가 무안해서 앉아있는데 마가렛 공주가 화장실에서 나와 다시 제자리에 앉는다. 와이즈코프가 정중하게 몇 마디 인사말을 나누었다.

마가렛 공주: "저희 아버님도 골프를 참 좋아하셨어요."

와이즈코프: "아, 그러셨습니까? 아버님께서는 무얼 하시던 분인데요?"

마가렛 공주가 자세를 고쳐 앉으며 자랑스럽게 대답하였다.

"영국의 왕이셨어요."

퍼팅의 말씀

골프를 즐겁게 치십시오. 아마도 신과 악마가 지구상에 유일한 합작품을 남겨놓았다면 그것은 바로 골프일 것입니다. – 임영창

골프용어

G O L F H U M O R

A

abbreviated swing: 약식 스윙
accessories: 골프 보조 기구.
ace: 홀인원. 티샷이 컵으로 들어간 것.
address(set-up): 칠 자세. 볼 치기 전 볼을 겨냥하는 등 준비 동작.
advice: 어떠한 특정 한 타를 무슨 채로 칠까, 어떻게 칠까에 대해서 파트너나 캐디로부터 받는 조언.
age shooter: 자기 나이보다 적은 타수로 18홀을 끝낼 수 있는 사람.
A-green: 한 홀에 그린이 두 개가 있는 경우 그 둘 중의 하나.
albatross: 기준 타수보다 3타 적은 스코어. double eagle. 즉 파 5 홀을 두 번에 넣었을 때.
aldila: 채 대의 강하고 연한 급수 중 soft 다음으로 유연한 급.
all square: 상대자나 상대측과 비긴 매치.
aluminum head: 우드 채 머리를 알루미늄으로 씌운 채.
amateur: 프로가 아닌 골프선수.
angle of approach: 클럽 헤드가 볼을 향해 내려오는 각도.
approach shot: 그린으로 올리려는 샷.
apron(collar, fringe, frog hair): 그린 가장자리의 풀이 좀 긴 곳.
arc: 스윙 시 채를 반경으로 해서 채 머리가 그리는 원.
attending the flag: 깃대 잡아 주는 것.
away: 비거리가 제일 짧게 나간 사람. 그린으로부터는 제일 멀리 떨어져 있기 때문에 이 사람부터 쳐 나간다.

B

back door: 컵 주위를 돌아 뒤로 갔다가 떨어져 들어가는 퍼팅 볼.
back markers: back tee.
back nine: 10번 홀부터 18번 홀까지의 후반 9홀. opp. in course.
back spin: 볼의 역회전. 떨어진 후 뒤로 오거나 급정지할 수 있다.
back swing: 채를 뒤로 끌어올리는 스윙.
back tee: 선수용인 맨 뒤쪽의 제1타 지역.
bad shot: 나쁜 샷.
baffy: 4번 우드(지금은 쓰지 않음).
bag cover: 골프백 씌우개.
bag: 골프채 가방.
ball: 공.
ball brand: 볼 종류 이름.
ball holed: 홀 바닥에 들어가 앉은 볼.
ball line: 바닥에 놓인 볼과 치려고 선 발 사이의 수직선.
ball lost: 찾기 시작해서부터 5분 안에 못 찾는 볼.
ball mark: 볼이 그린 표면에 떨어지며 낸 자국.
ball marker: 그린 위의 볼 위치 표시물. coin.
ball number: 볼 번호.
ball size: 볼 크기. 영국제 직경 1.62인치. 미국제 직경 1.68인치. 1990년부터 미국제 크기로 통일.
ball speed: 볼 속도.
ball washer: 볼 닦는 기물.
banana ball: 슬라이스 난 볼.
baseball grip(hold): 야구 방망이 잡듯 쥐는 것. ten-finger grip.
battery cart: 배터리 차.
beginner's set: 초보자용 우드 채 1, 3, 4번과 아이언 3, 5, 7, 9번과 퍼터 총 8개.
bent grass: 벤트 그라스(골프장용 잔디 종류).
Bermuda grass: 버뮤다 그라스(골프장용 잔디 종류).
Bermuda shorts: 버뮤다 쇼츠(짧은 바지).
best ball: 둘이 한편이 되어 잘 친 볼로 쳐나가는 게임.
bets: 내기, 내기를 건 금액.
betting: 내기(에 거는 돈).
B-green: 한 홀에 그린이 두 개 있는 경우 그 둘 중의 하나.
birdie: 버디. 파보다 1타 적은 타수로 구멍에 넣는 것.
bisque: 약자가 원하는 홀에서 주는 한 점.
Bite!: 볼이 더 이상 가지 말고 정지하기를 원할 때 하는 소리.
black shaft: 흑색 채 대. carbon graphite.
blade: 타면이 면도날처럼 사각형인 퍼터.
blast: 벙커에서 쳐 나오기. explosion.
blaster: (샌드)웨지.
blind hole: 어프로치 샷 때에 그린이 안 보이는 홀.
blind shot: 방해물이 가로막고 서 있어서 그 뒤가 안 보이는 샷.
block: 차폐물.
blouse: 상의(여).
blue grass: 블루 그라스(골프장용 잔디 종류).
bogey: 파보다 1타 많은 타수로 구멍에 넣는 것.
bogey train: 줄줄이 보기만 하는 것.
booby: 꼴찌상 혹은 꼴찌에서 두 번째 상.
borrow: 경사진 그린에서 볼이 옆으로 흘러갈 거리. break.
bounce: 볼이 땅에 떨어져서 튀는 것.
boundary: 골프 코스가 끝나는 지점.
brassie: 2번 우드. (잘 사용하지 않음.)
break: 경사진 그린에서 볼이 옆으로 흘러갈 거리. borrow.
British Amateur Championship: 영국 아마추어선수권대회.
British Open Championship: 전영 선수권대회.
buggy: 골프 카트.
bumping the ball: 좋은 자리로 볼을 옮기기. (사기골프의 시작.)
bunker: 모래구덩이의 장해 구역. sand. sand bunker. trap. sand trap.
bunker shot: 벙커에서 치는 샷.
bye: 지역 선발경기를 거치지 않고 미국 골프선수권 대회에 바로 참가하는 특별 초청. 매치플레이어에서 상대가 없는 플레이어.

C

caddie: 캐디. 사관생도라는 cadet에서 나온 파생어.
caddie cart: 클럽 운반용 카트.
caddie fee: 캐디 사례금.
caddie master: 캐디 관리 책임자.
Canadian Open Championship: 캐나다 오픈대회.
cap: 모자. 채 손잡이 꼭대기.
car: cart.
carbon graphite: 탄소흑연 채 대.
card: 스코어 카드.
carry: 비거리. 볼이 날아가는 거리.
cart: 골프채 싣는 손수레나 자동차.
casual water: 그린 위에 일시적으로 고인 물. 그 안에 떨어진 볼은 벌타 없이 옮겨도 된다. puddle.
championship: 선수권대회. tournament.
cheating: 볼의 위치, 점수 등 속이기.
chili dip: 잘못 쳐서 떨어져 나간 큰 풀 흙덩어리.
chip and run: 쳐서 굴리기.
chip shot: 보통 그린으로부터 40야드 이내에서 낮고 짧게 치는 샷. 구멍에 넣으면 chip-in.
chipper: 치핑시 쓰는 채. 7번 아이언의 훼이스 각도이나 퍼터처럼 균형을 잡고 있음.
chunking(hitting fat): 잘못 쳐서 떨어져 나간 큰 풀 흙덩어리.
cleats: 골프화의 스파이크들.
cleek: 1번 아이언이나 4번 우드. (잘 사용하지 않음.)
close lie: 풀 속에 깊이 박힌 볼.
closed: 채 면이 목표의 왼쪽을 향하도록 안으로 끌어들인 것.
closed stance: 어드레스 시 오른발을 뒤로 뺀 자세.
club: 채.
club bar: 19번 홀. 클럽하우스 식당에 있는 바.
clubbing: 어떤 채로 칠까 고르는 것.
clubface: 채 면. 알맹이 전면.
clubhead: 채 머리. 알맹이 전체.
clubhead speed: 다운스윙 시 채 머리 속도.
club-house: 클럽 본관.
cock: 양 손목을 꺾어 올리다.
cocking: 백스윙의 정점에서 양 손목이 꺾여 올라간 것.
coin: 볼 마커.
collar: 벙커, 연못, 그린 주위의 풀.
committee: 골프 시합 감독위원회(위원).
competitor: 18홀 총점 계산 시합시 경쟁자.
compression rating: 볼의 압축도. 여성용 80, 일반 90, 강타자 100.
concede: 패배 시인. 항복.
concentration: 집중.
confidence: (자기에 대한) 자신.
control: 조절.
country club: 골프장, 테니스장, 수영장 시설을 갖춘 클럽. C.C..
course: 골프장.
course rating: 핸디가 0인 스크래치 플레이어가 한 코스에서 한 라운드 친 타수. 보통 72타이면 평균, 그 이상이면 어려운 코스, 그 이하이면 쉬운 코스.

cover: 골프백 덮개나 골프채 머리 씌우개.

cross wind: 옆바람. 횡풍.

cross-handed: 왼손을 오른손 밑에 두고 채 쥐기(오른손잡이의 경우).

cup: 그린의 구멍. hole.

cut shot: 우회전 후 급정지한 샷.

cut-up shot: 볼을 왼쪽으로부터 오른쪽으로 가도록 시도하는 곡선 타구.

D

dance floor: 그린.

dawn patrol: 대회 점수판 아래의 프로들(다음날 아침 새벽에 먼저 시작해야 되니까).

decision: 결단.

dedication: 전심, 헌신.

desire: 욕망.

deuce: 홀인 투, 듀스.

dimple: 딤플. 골프볼의 올록볼록한 것. 382, 384 등은 딤플 수.

distance: 거리.

divot: 채에 맞아 뜯긴 풀 흙덩이. turf.

dogleg: 개 뒷다리 굽듯이 제1타 지역 훼어웨이가 굽은 홀. hogleg.

dogleg left: 제1타 지역 훼어웨이가 좌측으로 굽은 홀.

dogleg right: 제1타 지역 훼어웨이가 우측으로 굽은 홀.

dormie: 매치플레이에서 이긴 홀 수가 남은 홀 수보다 많아지면 게임을 끝내는 것.

double bogey: 파보다 2타 많은 타수로 구멍에 넣음. 보기보다 1타 많은 타수.

double eagle: 파보다 3타 적은 타수로 구멍에 넣음. 버디보다 2타 적고 이글보다 1타 적은 것.

double or nothing: 현재 지고 있는 금액을 내기로 걸어 지면 두 배로 주고 이기면 줄 것이 없는 한판 승부.

down: 홀 수나 타 수로 지고 있는 점수.

downblow: 내려치기.

downhill: 언덕에 놓인 볼을 언덕 아래로 칠 때.

downhill lie: 언덕에 놓인 볼(아래로 쳐야 할 경우).

downswing: 다운스윙, 내려치는 스윙.

draw: 의도적으로 좌로 휘도록 치는 것.

dribble: 땅바닥으로 떽떼굴 굴러가는 볼.

drive: 제1타. 공을 티에서 쳐 내보내는 샷.

drive the green: 티샷으로 그린에 올렸을 때.

driver: 1번 우드 채.

driving iron: 1번 아이언 채.

driving range: 연습장. practice range.

drop: 드롭. 공을 어깨 높이에서 떨굼.

dub: 골프를 서투르게 치다.

duck hook: 급강하하며 우측에서 좌

측으로 급커브가 된 샷.
duff: 뒤땅 치기.
duffer: 골프에 서투른 사람.

E

eagle: 파보다 2타 적은 타수로 구멍에 넣음.
electric cart: 배터리 차.
equity: 룰 북에 없는 문제를 중재하는 제도.
etiquette: 에티켓. 예의. golf manner.
even par: 평균 파. scratch (play). 핸디캡 0.
explosion: 벙커에서 쳐나오는 폭파 샷. blast.
extension: 연장선.

F

face: 골프채 타구 면. 훼이스.
fade: 의도적으로 직진을 피해 우로 휘도록 치는 것. slice.
fairway: 제1타 지역부터 그린까지 이어지는 한가운데 짧게 깎은 잔디 구역. 골프장의 정도.
fairway shot: 훼어웨이에 떨어지는 샷.
fairway wood: 3번 우드. spoon.
fat: 볼 뒤땅을 쳐서 볼이 많이 못 나간 것. 또는 세게 친 것.
feather ball: 골프 초창기의 새털 볼.
feather shot: 볼이 높이 떴다가 떨어진 자리에 정지하도록 친 샷.
fee: 골프장 입장료. green fee.
feeling: 느낌. 감각.
feet: 피트. 30.48cm.
female golfer: 여성 골퍼.
ferrule: 도톰한 채 목(hosel) 위부터 날씬하게 뻗어 올라가는 채 대.
finesses: 세련미. 솜씨. 교묘한 처리.
finish: 임팩트부터 활로우 스루의 끝까지.
flag: 그린의 컵에 꽂혀 있는 깃발.
flagstick: 그린의 컵에 꽂혀 있는 깃대. pin.
flange: 골프채 헤드 밑바닥에 볼록 튀어나온 것.
flat swing: 거의 수평적으로 하는 스윙.
flex(ibility): 채 대의 유연성. 초강(X-stiff), 강(stiff), 보통(regular), 연(aldila), 초연(soft).
flier: 백스핀이 전혀 없는 타구.
flopped shot: 잘못 친 샷.
flub: 공중 볼.
fluff: 잘못 친 타구.
follow-through: 임팩트 후 채 헤드가 볼을 따라 나가 어깨 뒤로 넘어가는 것.
foot line: 양발 앞 끝이 이루는 수평선.
foozle: 잘못 친 샷.
Fore!: 앞에 사람 맞을까봐 지르는 소리. '공 간다!' (위험을 환기시키는 소리).
forecaddie: 미리 앞에 나가서 볼 떨어지는 곳을 보아두는 책임을 맡은 사람.
forward press: 백스윙 전에 양손을 앞

으로 뻗거나 오른쪽 무릎을 굽혀 보는 자세.
four wood: 4번 우드 채. cleek.
foursome: 4명이 한 팀. 두 명씩 편을 갈라 교대로 치는 시합.
free drop: 벌점 없이 볼을 집어 다른 곳에 떨어뜨릴 수 있는 것.
fried egg lie: 볼이 반은 모래에 묻힌 것.
fringe: 그린 주변.
frog-hair: 그린 가장자리의 풀.
front nine: 1번 홀부터 9번 홀까지 전반 9홀. opp. out course.
full set: 허용된 모든 채 14개. 우드 1, 3, 5, 아이언 2, 3, 4, 5, 6, 7, 8, 9, 피칭 웨지, 샌드웨지와 퍼터.
full swing: 최대한의 스윙.

G

gallery: 골프대회 관중. 구경만 해야 되는 사람들.
game: 게임. 운동. 경기. 내기. 시합.
gas cart: 개소린 차.
getting up and down: 칩샷 한 타로 그린에 올려서 퍼팅 한 번에 넣어 끝내고 나오기.
gimme: 퍼터 대 길이보다 짧아서 한 스트록에 들어간 것으로 간주하고 퍼팅을 생략하는 것. okay볼. 기브볼.
glove: 장갑
goff: 골프의 원어.
golf apparel: 골프복.
golf bag: 골프채 가방.
golf buddy: 골프 친구.
golf car: 골프차.
golf cart: 골프 카트.
golf clothes: 골프복.
golf club: G.C. 골프장이 있는 클럽.
golf clubs: 채.
golf course: 골프장.
golf equipment: 골프 장비.
golf etiquette: 골프 예의.
golf glove: 골프 장갑.
golf links: 해안 골프장.
golf nut: 골프광.
golf shoes: 골프화.
golf widow: 골프 과부. 골프만 치는 남편 얼굴 보기 힘든 부인.
golfdrum: 골프의 원어(영).
golfe: 골프의 원어.
golfer: 골프 치는 사람.
golfmobile: 골프차.
grain: 그린 위의 풀이 자라서 누운 방향.
Grand Slam: 20세기 초에는 브리티시 오픈, 브리티시 아마추어, US오픈, US아마추어를 같은 해에 석권하는 것. 현대 골프에서는 매스터스, US오픈, 브리티시오픈, PGA 챔피언십을 말한다.
Grand Slammer: US오픈, US 아마추어, 브리티시오픈, 브리티시 아마추어 챔피언십의 4대 시합을 같은 해에 석권한 사람. 1930년 바비 존스가 처음.
graphite: 흑연 채 대.
grass grain: 볼이 구르는 데 작용할 풀들의 자란 각도와 방향.

green fee: 입장료. 잔디 손상 복구비
green: 펏 하는 곳. putting green. putting surface.
greenskeeper: 잔디 관리자.
grip: 채 손잡이. 채 쥐기.
gross (score): 실제로 친 총 타수.
ground under repair: 코스 내부에서 공사가 진행되고 있거나 작업 중인 곳.
ground: 벙커에 들어갔을 때 채 머리를 모래와 접촉시킨 위법.
grounding the club 어드레스 시 볼 뒤땅에 채를 대놓은 것. 벙커에서는 허용되지 않음.
gulch: 골짜기.
gutta-percha: 열대수 수지 볼.

H

hack down: 도끼질하듯 하는 나쁜 스윙.
hacker: 골프에 서투른 사람.
half set: 채를 7개쯤 골라 가지고 다니는 세트.
half swing: 반 스윙.
halved: 홀 수나 타수로 비긴 점수. tied.
hand cart: 골프채 싣고 끄는 손수레. pull cart.
hand towel: 조그만 수건.
handicap: 최근에 스무 번 친 점수 중에 제일 잘 친 열 번의 평균 점수에서 코스 레이팅 점수를 제하고 남은 점수의 85%. 즉 최근에 20회 친 점수 중 낮은 타수 10회를 뽑아 평균 낸 것이 92타고, 그 골프장 코스 레이팅이 72이라면 20이 남는다. 그 20의 85%는 17. 핸디는 17이다.
hanging lie: 급경사 진 곳에 멈춰 있는 볼.
hard: 볼을 세게 친 것.
hat: 모자.
having the honor: 가장 적은 점수를 친 사람이 다음 홀에서 제일 먼저 티오프하는 영광.
hazard: 장해구역.
head: 헤드, 채 머리.
headcover: 채 헤드 보호를 위한 씌우개.
head-up: 임팩트 전에 볼 잘 나가나 보려고 머리부터 드는 것.
headwind: 맞바람. 역풍
heel: 채 헤드 밑바닥 뒷부분.
hickory: 채 대 만들던 호두나무 가지.
high side: 경사진 그린 표면에서 홀보다 높은 지역.
high-handicapper: 골프의 약자.
hilly shot: 언덕 위에서 치는 샷.
hit: 볼을 치다.
hitting thin: 풀은 건드리지도 않고 치니 포물선을 그리며 목표를 향해 날아가는 것이 아니라 땅 표면 일직선으로 얼마 못 날아가는 것.
hockey stick: 7타를 쳐야 한 홀을 끝내는 사람. 하키 스틱이 '7' 자처럼 생긴 데서 나온 말.
hogleg: 돼지 뒷다리 굽듯이 굽은 홀.

dogleg.
hole high: 그린의 홀 높이와 같은 높이의 지점에 정지한 볼.
hole match: 매홀 승패를 거는 시합.
hole: 그린의 구멍. cup. 폭 4인치. 깊이 4.2인치.
hole-in-one: 티샷이 컵으로 들어간 것. ace.
holing out: 볼을 홀에 넣어서 끝내기. 퍼팅으로 끝냈으면 putting out.
home green: 18번 홀의 그린.
home pro: 골프장에 소속된 프로.
honor: 명예라는 뜻의 어너. 전 홀에서 가장 잘 친 사람이 다음 홀에서 제일 먼저 치는 특권.
hood: 채를 쥔 손이 볼의 위치보다 앞으로 들어오게 하여 낮은 볼을 치는 것.
hook: 좌측으로 빗나간 샷.
horseshoe: 퍼팅한 볼이 컵 주위를 돌아 퍼팅한 사람 쪽으로 돌아오는 것.
hosel: 채 대와 헤드가 만나는 도톰한 채 목.
humor: 휴머, 유머. 문자로 표현된 그 이상의 뜻이 내포되어서 강력한 여운을 남기는 말.

I

impact: 헤드 훼이스가 볼을 때리는 순간.
in course: 후반 10번 홀부터 18번 홀까지.
in play: 코스 경계선 이내 지역. 그 밖이면 OB.
in the leather: 홀로부터 짧은 거리에 놓인 볼.
inch: 인치. 2.54cm.
intended line: 볼 놓인 곳에서부터 쳐서 보내려고 의도하는 지점까지의 상상선.
interlocking grip: 오른쪽 새끼손가락이 왼쪽 집게손가락 밑으로 들어가서 깍지를 끼어 양손이 연결되는 것. 잭 니클러스가 선호.
iron: 쇠 채. 아이언 1번부터 9번까지.
iron shot: 아이언으로 치는 샷(퍼터 제외).

J

jigger: 4번 아이언.
jinx: 징크스. 이상하게 반복되는 불운.
jungle: 무성한 나무숲을 양옆에 둔 훼어웨이.

K

kolbe: 골프의 원어(독).
kolf: 골프의 원어(화).
Korai: 고라이(추위에 강한 잔디).
kulban: 골프의 원어(불).

L

Ladies' Professional Golf Association: LPGA. 여성프로골프협회.
lady's tee: 앞으로 나가 있는 여성 골퍼

의 티잉 그라운드.
lady golfer: 여성 골퍼.
lag: 컵에 넣으려고 하기보다 붙이려는 퍼팅.
lateral shot: 빗맞은 측면 샷. shank.
layout: 골프장 지형과 각 홀이 전개된 상태.
lay-up: 어려운 문제가 생기지 않도록 안전한 곳으로 치는 것.
lesson: 레슨.
lie: 볼이 떨어져 있는 자리나 상태.
lift: 볼을 드롭, 마크, 또는 닦기 위해서 집어 드는 것.
lightning: 번개, 벼락.
line: 선.
line of play: 볼을 쳐 내보내려는 선.
links: 해안 골프장.
linksmobile: 골프 차. golfmobile.
lip: 컵 둘레.
lip out(rim the cup, cellophane bridge): 볼이 컵 둘레를 돌고 나오는 것.
Little Slam: US 아마추어와 브리티시 아마추어 타이틀을 같은 해에 석권하는 것.
local rules: 특정 골프장이 허용하는 예외적 규칙.
locker room: 옷 갈아입는 곳, 목욕하며 골프 이야기 나누는 곳.
loft: 볼의 떠오름. 혹은 볼을 떠올리는 채 훼이스의 각도.
lofting iron: 8번 아이언.
long (distance) hitter: 장(거리)타자.
long hole: 파 5의 긴 홀.
long iron: 아이언 1, 2, 3번.
longest (drive): 드라이브를 가장 멀리 친 것.
loose impediment: 볼 주위에 떨어져 있는 낙엽, 나뭇가지, 흙덩이, 돌멩이.
lost ball: 못 찾는 볼.
low shot: 낮은 샷. 땅 볼.
low side: 경사진 그린 표면 중 홀 높이보다 낮은 곳.

M

Majors: PGA, 매스터스, US오픈, 브리티시오픈 4개 대회.
mallet: 불룩한 방망이형 퍼터.
mark: 그린 위에서 동전이나 마커를 볼 뒤에 놓고 볼을 집는 것.
marker: ① 그린 위에 볼을 집기 전에 그 뒤에 놓고 그 위치를 표시해두는 동전이나 단추. ② 제1타 지역 표시물. ③ 스코어 카드 기록관.
marshal: 골프의 순조로운 진행을 위해 코스를 도는 순찰관.
mashie (iron): 5번 아이언.
mashie niblick: 6번이나 7번 아이언.
Masters: 조지아 주 오거스타 내쇼널 골프클럽에서 열리는 초청된 선수들만 치는 대회.
mat: 깔개.
match play: 18홀 중 누가 더 많은 홀을 이기느냐로 결정하는 경기.
membership: 클럽 회원자격.
mental exercise: 정신력 운동.

metal wood: 우드 채 헤드를 금속으로 씌운 채.
mid mashie: 3번 아이언.
middle (length) hole: 파 4의 중간 (길이) 홀.
middle iron: 아이언 4, 5, 6번.
midiron: 2번 아이언.
military golf: 좌우 이리저리 치는 서투른 골프.
mind exercise: 심적 운동.
miniature golf: 1930년대의 소형 퍼팅 게임장.
miss shot: 잘못 친 샷.
mixed foursome: 남녀 혼합 4명이 한 팀.
mixed grass: 골프장용 잔디 종류.
"Mulligan!": 규칙에는 없으나 가까운 사이에 제1타를 잘못 쳤을 때 벌점 없이 다시 치도록 권유하는 소리. "Shapiro!"

N

nap: 일정한 각도로 솜털같이 자란 잔디.
Nassau: 승자가 3점 받는 내기. 1번 홀부터 9번 홀까지의 승자가 1점. 10번 홀부터 18번 홀까지의 승자가 1점. 18홀 모두 이기면 승자가 또 1점.
nearest (to the pin): 그린에 올린 볼 중 핀에 가장 가까이 붙은 것.
net (score): 실제로 친 총타수(gross)에서 핸디캡을 제한 점수.
niblick: 9번 아이언.
nice on: 그린에 잘 쳐올린 샷.
nice shot: 나이스 샷.
nineteenth (19th) hole: 19번 홀. 클럽 바의 별명.
normal swing: 정상적 스윙. cf. full swing.

O

O.B.: out of bounds. 말뚝으로 표시된 코스의 외부 지역.
observer: 골프 룰 심판관.
obstruction: 공을 치는 데 방해가 되는 자연, 인공 장해물.
Old Course: 세인트 앤드류스의 골프장 이름.
one-on: 제1타로 그린에 올린 샷.
open: 아마추어와 프로가 다 함께 출전하는 시합.
open stance: 어드레스 시 왼발이 뒤로 빠진 자세.
order of play: 첫 티 시작 순서.
out course: 전반 1번 홀부터 9번 홀까지.
over (par): 파 이상의 점수(보통 72 이상). 목표 지점을 지나게 친 것.
overlapping grip: 양손을 감아 쥘 때 오른쪽 새끼손가락이 왼쪽 집게손가락 위를 덮는 것. Vardon grip.
overswing: 백스윙이 너무 급해서 채 헤드가 어깨 뒤로 훌렁 넘어가는 것.

P

par: 파. 기준 타수.
par-3 course: 파 3의 약식 일반 골프장.
parasol: 양산.
partner: 한패. 같은 편.
penalty (stroke): 벌점. 벌타.
pendulum stroke: 양팔을 같은 각도로 구부리고 퍼터를 잡아 시계추 흔들리는 듯한 동작으로 치는 퍼팅.
persimmon: 우드 채 헤드를 만들던 감나무.
PGA Championship: PGA 주최 챔피언십 경기.
PGA Tour: PGA 주최 순회대회.
pick, clean, and place day: 비와 진흙 때문에 볼을 집어 닦고 다시 놓고 치는 것이 허용된 날.
pin: 깃대.
pin sheet: 각 홀의 위치를 알려주는 약도.
pitch and putt: 정식 코스가 아닌 약식 코스에서 그린으로 피칭하고 퍼팅만 하는 것.
pitch: 짧게 높이 띄운 어프로치 샷.
pitch shot: 그린 위에 볼이 떨어져 정지하도록 치는 샷.
pitcher: 채 훼이스가 넓고 가벼운 쇠채였는데 사라지고 없음.
pitching: 그린 근거리에서의 높이 띄운 접근 샷.
pitching wedge: PW. 피칭웨지.
pitching-niblick: 8번 아이언.
pivot: 허리를 축으로 상체를 돌리는 것.
plastic raincoat: 비닐 우의.
play a round: 골프를 한 회(18홀) 치는 것.
play-off: (비기거나 동점인 경우) 치르는 결승 경기. 연장전.
play through: 뒤 팀이 먼저 치고 나가도록 추월을 허용하는 것.
player: 선수, 골프 치고 있는 사람.
playing it down: 볼이 놓인 그대로, 그 자리에서 치는 것.
point of nearest relief: ground under repair 나 casual water가 있는 곳에 볼이 떨어진 경우, 채 길이 이내에서 또 홀로부터 가깝지 않은 곳에 볼을 드롭할 수 있는 것.
power shot: 힘껏 친 샷.
practice green: 퍼팅 연습장.
practice range: 연습장. driving range.
practice round: 시합 전 연습 경기.
practice swing: 연습스윙.
preferred lies: 코스 상태가 나쁜 경우 로컬 룰에 의해 볼을 옮기도록 허용하는 것. winter rules.
press: 더블 오어 낫싱식으로 내기 금액을 증가시키는 것.
private club · course: 멤버와 게스트만 칠 수 있는 사립 골프장.
pro emeritus: 명예 프로.
pro golfer: 프로골퍼.
pro shop: 골프클럽에서 운영하는 골

프 용품 상점.
pro side: 경사진 그린에서 높은 쪽.
pro-am(amateur tournament): 주로 자선단체 헌금을 위해 프로와 고액의 참가비를 낸 아마추어(영화배우, 운동선수 등 유명인사들)를 섞어 진행하는 경기.
professional golfer: 프로골퍼.
Professional Golfer's Association: PGA. 미국프로골퍼협회.
provisional ball: 원래 친 볼을 못 찾는 경우에 대비해서 새로 치는 임시 볼.
public course: 회원제가 아닌 공공 골프장.
puddle: 그린 위에 일시적으로 고인 물. 그 안의 볼은 옮겨도 된다. casual water.
pull: 왼쪽으로 당겨 치는 샷.
pull cart: 골프채 싣고 손으로 끄는 수레. hand cart.
pulling the pin: 같은 조가 그린에 모두 올라왔을 때 퍼팅하기 위해 핀을 뽑는 것.
punch shot: (맞바람이 불 때) 낮게 치는 샷.
push: 오른쪽으로 밀어 치는 샷.
putt: 그린 위에서 치는 샷.
putt line: 그린 위에 놓인 볼의 위치로부터 구멍으로 연결되는 선.
putter: 퍼터. 그린 위에서 치는 채.
putting: 그린에서 구멍으로 치기.
putting address: 퍼팅하기 위한 준비 자세와 동작.
putting green: 퍼팅하는 그린. green. putting surface.
putting line: putt line.
putting speed: 퍼팅시의 강약에 따른 볼의 속도.
putting stroke: 퍼팅.
putting surface: green. putting green.

Q

quadruple bogey: 파보다 4타 더 쳐서 구멍에 넣는 것. double par라는 말은 없음.
quail high: 낮게 친 볼.
quarter swing: 1/4 스윙.

R

rabbit: 초보자, 서투른 골퍼. 보통 골퍼들은 토끼에 비유됨. 프로는 타이거.
raincoat: 비옷.
rake: 벙커 내 발자국 지우는 고무래.
reading the green: 그린에서 풀의 성향 등, 구멍까지 볼이 갈 길을 찾아 탐색하는 것.
rear foot: 뒤로 빼서 몸을 받치는 기둥 역할을 하는 오른발.
recovery shot: 문제 지점에서 벗어나기 위해 쳐 나오는 샷.
regular: 채 대 경도(stiff) 연도(soft)의 중간급. 보통 아마추어가 쓰는 강도.

regulation golf course: 정규 18홀 골프장.
relief: 볼을 옮겨 놓을 수 있는 새 자리.
rent: 골프 장비나 보조기구를 빌려서 쓰는 것. 그 비용.
repair: 그린 위 볼이 떨어진 자리를 복구해 주는 것.
replace: 풀흙덩어리 떨어져 나간 것을 제자리에 가져다 메워 주는 것.
rhythm: 리듬.
rim: 컵 언저리를 한 바퀴 돌고 안 들어간 퍼팅.
roll: 볼이 구르다.
roll off: 볼이 굴러 떨어지다.
rough: 의도적으로 방치해 둔 풀숲.
round: 18홀 한 바퀴 치는 것.
Royal and Ancient Club of Saint Andrews: 세인트 앤드류스 소재 영국골프협회.
Royal and Ancient Golf Club: 세인트 앤드류스 소재 로열 앤 에인션트 골프클럽.
rub of the green: 인체든 물체든 자기 볼이 가는 길에 방해가 되는 요소.
rubber core ball: 고무 볼.
rules: 규칙.
Rules of Golf: 미 · 영 공동 골프 규칙.
runner-up: 준우승자. semi-finalist.

S

safe: 러프, 물, 나무, 벙커가 아닌 안전한 곳에 떨어진 볼.
Saint Andrews: 골프의 본고장 세인트 앤드류스.
sand: bunker. sand bunker. trap. sand trap.
sand bunker: 모래 구덩이.
sand iron: 벙커샷용 채.
sand shot: 벙커에서 치는 샷.
sand trap: 모래 구덩이.
sand wedge: SW. 벙커에서 치는 채.
sandbagger: 서투른 척하면서 실제로는 잘 치는 사람.
sandie: 벙커에서 나와 파를 하면 별도로 주는 보너스 내기.
score: 스코어.
score card: 스코어 카드.
scoring: 점수 매기기.
scoring lines: 클럽 훼이스에 그어진 줄(홈).
scoring marker: 스코어 카드 기록관.
Scotland: 골프의 발상지 스코틀랜드.
scratch player: 핸디캡이 0인 골퍼. 평균 파를 치는 사람.
scratch score: 평균 파가 아니라 각 홀에서 파를 치는 것.
scuff: 뒤땅을 치는 것.
second shot: 두 번째 샷.
semi-finalist: 준우승자. runner-up.
semiprivate club: 멤버제도 있고 일반 대중에게도 공개된 골프장.
senior: 프로는 50세 이상. 아마추어는 55세 이상.
Senior PGA: 노장 프로들의 시합.
shaft: 채 대.
shaft flexibility: 채 대의 유연성 X-stiff, stiff, regular, aldila, soft.

shag: 연습으로 쳐낸 볼들을 주워 모으는 것.
shank: 채 목에 맞아 대개 오른쪽으로 빗나가는 측면 샷. lateral shot
"Shapiro!": 규칙에는 없으나 가까운 사이에 제1타를 잘못 쳤을 때 벌점 없이 다시 치도록 권유하는 소리. "Mulligan!"
shirt: 상의.
shoot: 볼을 치다.
short game: 치핑이나 퍼팅.
short hole: 파 3의 짧은 홀.
short iron: 아이언. 7, 8, 9번. wedges.
short: 목표 지점에 못 미치는 것.
shorts: 짧은 바지.
shot: 치기(공을 치는 것). 1타.
single (digit number): 핸디가 한 자리 수, 즉 9 이하에서 1까지.
sink: 퍼팅을 넣는 것.
skins game: 각 홀마다 일정액의 상금이 걸려 있고, 어느 홀에서 승자가 없는 경우 상금은 다음 홀로 넘어가는 경기.
skirt: 스커트.
skull: 볼 머리를 때린 것. top.
sky: 높으나 짧은 샷.
slacks: 바지.
slice: 우측으로 빗나가는 샷. Reagan shot.
slope: USGA가 아닌 각 골프장에서 정한 핸디캡.
slow play: 느린 플레이.
slow player: 경기 진행 속도가 느린 골퍼.
slump: 심신의 부진 상태에서 빠져나오지 못하고 헤매는 것.
smile: 잘못 쳐서 볼에 흠집이 난 것.
smothered: 잘 쳐서 시원스럽게 쌩쌩 날아가는 것이 아니라 볼이 목덜미 맞고 캑캑거리며 나가듯 잘못 친 샷.
snake: 펏을 세 번 하면 내는 벌금인데 맨 끝으로 세 번 펏한 자가 모두 몰아내는 내기.
social game: 사교 게임.
socks: 양말.
soft: 볼을 살짝 친 것. 채 대가 유연한 것.
sole: 채 헤드 밑바닥.
spade mashie: 6번 아이언.
spikes: 골프화 밑바닥에 미끄러지지 않도록 박아 놓은 징.
spin: 볼의 회전.
spoon: 3번 우드(훼어웨이용).
square: 어드레스 시 양발이 비선과 평행이 되도록 선 자세.
stance: 선 자세.
starter: 제1번 홀에서 보통 6~12분 간격으로 새로운 팀을 내보내는 진행 관리자.
steel shaft: 철채 대. 철 샤프트.
stiff: 채 대의 경도. 핀에 붙인 샷.
stoney: 핀에 붙인 샷.
straight: 똑바로.
stroke: 한번 치기. 타격.
stroke and distance: O.B.가 난 경우 벌점을 먹고 원래 잘못 친 그 자리에서 치는 이중으로 부과되는 벌칙.

stroke hole: 핸디캡에 따라 한 점을 주고받는 홀.

stroke play: 18홀 총점 계산 시합.

strong: 채 대의 강도를 말할 때 최강. stiff.

stymie: 나무, 바위, 능선 등 목표지점을 가로막는 방해물.

sucker pin: 어떤 위험물 가까이 위치한 홀.

sucker's side: 그린에 경사가 있을 때 낮은 곳.

sudden death: 단독 우승자가 나올 때까지 계속하는 연장전.

summer rules(summer golf): 시합 때처럼 꼭 볼이 놓인 그 자리에서 쳐야 되는 규칙.

sway: 스윙 시 몸이 상하좌우로 오르내리거나 흔들리는 것.

sweater: 스웨터.

sweet spot: 헤드 타면에 그어진 줄들(scoring lines)의 중앙. 볼이 이곳에 맞아야 된다.

swing: 어드레스부터 테이크백-백스윙, 탑에서 다운스윙-임팩트, 활로우 스루, 휘니시까지.

swing plane: 스윙 시에 채 대가 이루는 원면. arc.

swing speed: 스윙의 임팩트 시 속도.

swing weight: 채 스윙 동작.

T

taboo: 금기.

tailwind: 뒷바람. 순풍.

take-away: 백스윙 시 채를 뒤로 끌기 시작.

take-back: 백스윙 시 채를 뒤로 끌기.

target: 볼을 보내 떨어뜨리려는 지점. 깃대. 구멍.

target foot: 목표를 향해 옆으로 나가 있는 왼발.

target line: 볼에서 그린의 구멍까지의 수평선.

teaching pro: 레슨을 주로 맡은 프로.

team: 팀.

technique: 기술.

tee: 티. 공을 올려놓는 받침. 나무 못. tee peg.

tee box: 각 홀마다 티오프하는 구역.

tee markers: 제1타 치는 곳 좌우 표시물. 여성 구역은 앞으로 나가 있으며 빨간색. 일반 골퍼는 중앙의 흰색. 선수용은 뒤쪽의 파란색.

tee peg: tee.

tee shot: 제1타.

tee time: 골프 시작 시간.

teed up: 제1타 치도록 볼이 티에 올라앉은 상태.

teeing area: 제1타 치는 곳.

teeing ground: 티잉 그라운드. 제1타 치는 곳.

teeing off: 경기 개시. cf. teeing up

tempo: 템포.

ten-finger grip: 채를 양손 열 손가락으로 모두 쥐는 것. baseball grip.

Texas wedge: 퍼터를 그린 밖에서 사용할 때.

thin: 볼을 살짝 친 것.
three on: 세 번 쳐서 그린에 올린 것.
threeball: 네 사람이 아니라 세 사람이 함께 치는 것.
three-putt: 펏을 세 번 해서 홀에 넣는 것.
three-quarters back swing: 백스윙을 3/4만 하기.
three-quarters follow-through: 활로우 스루를 3/4만 하는 것.
tie: 홀 수나 점수로 비긴 것. halve.
tiger: 골픈 전문가.
tiger tee: 잘 치는 사람들이 치는 back tee나 파란색 마커 티.
timing: 타이밍.
tip: 가르쳐 주기. 조언. 사례금. 수고비.
titanium shaft: 티타늄 채 대.
toe: 발가락.
top: 스윙 시 백스윙의 정점. 볼 꼭대기.
topping: 볼 머리를 때려서 땅에 박히거나 멀리 못간 샷. 볼의 상반부.
tour: 타지역으로의 순회 시합.
touring pro: 소속 골프장을 떠나서 순회 시합에 참가하는 프로.
tournament: 선수권 쟁탈전.
towel: 수건.
track iron: sand wedge.
trademan's entrance: 정문으로 들어가는 것이 아니라 뒤나 옆으로 들어가는 것.
trap: 모래 구덩이. sand. sand bunker. sand trap.
trophy: 우승배.
trouble shot: 문제가 된 지역에서 치는 어려운 샷.
turf: 아이언 채에 맞아 떨어져 나간 풀 흙덩이. divot.
two-way: 4각형 블레이드와 방망이형 맬릿(mallet)의 모양을 혼합시킨 퍼터.

U

umbrella: 우산.
uncocking: 임팩트 직후 양 손목이 꺾여 뒤집히는 것.
under (par): 파 이하 점수. 대개 72타 이하.
undershirt: 속 셔츠.
unplayable lie: 떨어진 지점이나 놓여있는 상태에서 치기가 불가능한 볼.
up: 홀 수나 타 수로 이긴 점수.
uphill: 언덕에 놓인 볼을 언덕 위로 칠 때.
uphill lie: 언덕에 놓여있는 볼(위로 쳐야 할 경우).
upper blow: 올려 치기.
upright swing: 채를 급경사로 올려치는 스윙.
US Amateur Championship: 미국아마추어대회.
US Golf Association: USGA. 미국골프협회.

US Open Championship: 국적, 프로, 아마추어를 막론하고 누구나 참가할 수 있는 소위 전 미 골프대회.

V

V: 채를 쥘 때 엄지와 검지가 만드는 3각형.
Vardon grip: 채를 쥘 때 오른손 새끼손가락이 왼쪽 집게손가락 위를 덮어 쥐는 것.
overlapping grip.
visor: 챙만 있는 모자.

W

waggle: 어드레스 시 긴장을 풀기 위해 하는 손과 무릎을 약간 움직이는 동작.
washer: 볼 넣고 닦는 기구.
water hazard: 호수, 냇물, 강물, 도랑, 바다 등의 장해구역.
wedge: 피칭웨지나 샌드웨지.
weekend golfer: 주말 골퍼.
wheeled cart: 골프채 가방 놓고 끄는 손수레. hand cart. pull cart.
whiff: 헛방, 헛침.
whipping 채 헤드와 대의 접속점을 꽁꽁 묶은 실.
wiggle: 어드레스 시 긴장을 풀기 위해 엉덩이를 흔드는 동작.
wind: 바람.
windbreaker: 바람막이 점퍼.
winter rules: 코스 상태 불량 시 로컬룰에 의해 옮겨놓고 치도록 허용하는 규칙. preferred lies.
woman golfer: 여성 골퍼.
Women's Open Championship. 여성오픈챔피언십.
wood: 나무 채. 1번부터 7번까지 제작하나 보통 1, 3, 5번만 사용. 4번은 초보자 연습용.
World Golf Hall of Fame: 세계 골프 명예의 전당. 노스 캐롤라이너주 파인 허스트 컨트리클럽에 있음.
worm burner: 시원스럽게 날아가지 못하고 풀 위로 조금밖에 날아가지 못하는 샷.

worthy man: (골프 원조 스코틀랜드 에서 골프 치는 사람을 가리킴) 인격자. 신사.

X

x'd out ball: 불량품을 싸게 파는 것.
X-stiff: 채 대 초강도(아주 강함).

Y

yard: 야드. 1야드는 91.44cm.
yips: 신경이나 근육병으로 간주되는 골프 괴질. 특히 펏을 할 때 판단이 서지 않아 막막해지는 것.

Z

zero: 0.